가족,
넌 괜찮니?

가족,
넌 괜찮니?

ⓒ 신영호, 2020

초판 1쇄 발행 2020년 10월 31일

지은이   신영호
펴낸이   이기봉
편집   좋은땅 편집팀
펴낸곳   도서출판 좋은땅
주소   서울 마포구 성지길 25 보광빌딩 2층
전화   02)374-8616~7
팩스   02)374-8614
이메일   gworldbook@naver.com
홈페이지   www.g-world.co.kr

ISBN   979-11-6536-946-0 (03330)

이 도서의 국립중앙도서관 출판예정도서목록(CIP)은 서지정보유통지원시스템 홈페이지(http://seoji.nl.go.kr)와 국가자료공동목록시스템(http://www.nl.go.kr/kolisnet)에서 이용하실 수 있습니다. (CIP제어번호 : CIP2020045060)

가족,
넌 괜찮니?

신영호 지음

좋은땅

가족이 살아야 모두가 산다!

가족 이야기는 차 한잔 마시면서 누구나 쉽게 나누는 일상이 되었으면 한다. 정겨운 이야기뿐만 아니라 어렵고 힘겨운 이야기도 소박한 일상이 되어, 차 한잔의 향기에 스며들도록 말이다.

가족은 어린 나무를 기르고 키워 내는 농원과도 같다. 잘 자란 묘목은 척박한 땅에 뿌리내리는 것을 두려워하지 않고 산과 들의 거친 환경과 비바람을 오히려 반긴다. 모진 비바람에도 아랑곳하지 않고 꽃과 열매를 아낌없이 준다.

사람은 태어나는 순간부터 부모의 보살핌과 양육이 없으면 생존하기 어렵다. 태어난 후 20년간 양육 받는 과정에서 삶에 필요한 것을 채우게 된다. 동물은 본능이라는 그릇에 생존에 필요한 것을 가지고 태어나는 것과 대조적이다.

사람들은 대부분 인성을 겸비한 인재를 가정이 아닌 학교 교육에서 찾기 때문에 혼란이 가중된다. 학교 교육은 사회생활의 기초를 배우는 곳이지, 인성을 갖춰 사람답게 살도록 가르치는 곳은 아니다. 이런 점에서 사회공동체의 초석을 다지기 위한 인재양성의 첫 교육기관은 '가족공동체'이다.

부모와 동고동락하면서 보고 느끼고 경험하면서 부모의 삶을 모방하며 자연스럽게 체득하는 것이다. 삶의 기본이 되는 가치관과 인성 또한 이 과정에서 만들어진다는 점에서 가볍게 넘어갈 수 없는 이유이기도 하다.

조물주는 세상의 모든 자녀를 위해 부모를 선물로 주어 책임지고 양육할 권리와 의무를 부여했다. 대원칙은 '사랑과 의무를 다하여 양육하라'라는 것이다. 부모는 성년이 될 때까지 양육에 대한 전반적인 권한을 받았기 때문에 두렵고 가슴 떨리지만, 가장 위대한 자리이기도 하다.

그래서일까? '가족'이라는 말처럼 사람들에게 다양한 감정을 불러일으키는 것을 찾기 어렵다. 가족이라는 말 한마디에 따뜻하고 포근한 감정이 작동하면 언제든지 달려가 쉬고 싶은 안식처가 떠오른다. 그러나 부정적인 생각이 올라오면 쉼과 안식을 만들어 내는 행복발전소가 아니라 미움과 고통만 생산하는 갈등공장으로 전락하게 된다.

우리는 왜 가족이라는 말에 울고 웃는 것일까?

'가족'은 우리 존재의 본고장이자 사회적 소속감의 근원이고 우리 삶의 모체이기 때문이다. 가족이 함께 어우러져 울고 웃을 수 있다면, 고통이 난무하는 세상살이라도 한결 여유를 갖고 적응할 것이다.

지금 우리 사회는 가정이 해체되어 무너지는 속도가 너무 빠르다. 대책을 세우는 속도는 제자리에 머물러 있는데, 해체되는 속도는 헤아리기조차 어려울 정도가 되었다.

인류학자들은 전 세계에 공포로 다가온 '코로나19' 바이러스가 인류의 역사에 전환점을 가져올 것이라고 진단한다. 바이러스가 창궐하기 이전과 이후의 인류문화와 삶의 현장이 전혀 다를 것이라는 이유에서

다. 현대사회가 처음 겪어 보는 사태라 그 충격에서 벗어나 정상적인 삶으로 돌아오는 데 상당한 시간이 필요해 보인다.

코로나 19 사태가 보건 쇼크로 종결되길 소망하지만, 경각심을 잃고 느슨한 틈을 타 보건 재앙에 빠지는 것은 막아야 한다. 자연재해 역시 하늘을 원망한다고 해결되지 않는다. 온난화의 덫에 빠진 지구를 구하기 위해 책임 있는 행동이 필요한 때이다.

다가올 미래는 '위기 자체가 삶의 현장'이라고 해도 틀린 말이 아닐 정도다. 위기가 꼬리를 무는 시대, 희망과 낙관을 박물관에서 찾는 시대, 과거의 영광만 노래하는 시대가 우리의 현주소가 아니길 소망한다.

저성장과 경제적 침체로 불안감에 사로잡힌 상황에서 코로나 19와 자연재해까지 계속된 악재로 불안감은 공포로 다가오고 있다. 시대적 위기는 모두가 한마음으로 협력할 때 극복할 수 있다. 재난은 혼자의 힘으로 이길 수 있는 것이 아니기 때문이다.

위기는 저절로 해결되지 않는다. 위기를 기회로 바꾸기 위해서는 책임 있는 행동이 필요하다. 헌신과 희생을 각오하고 묵묵히 자기 자리를 지킬 때, 위기를 기회로 전환하는 건강한 에너지가 나온다.

위기에 맞설 용기와 옆에서 함께 견뎌줄 사람만 있다면 기회는 온다. 위기의 시대에 희망으로 떠오른 문화가 '가족과 함께'이다. 성공 지상주의와 물질 만능시대가 되면서 후 순위로 밀려났던 가족공동체가 삶의 중심으로 자리를 이동하고 있다. 함께 모여 식사를 하거나, 가벼운 산책을 하고 운동을 하는 등 바쁘다는 핑계로 늘 뒷전이었던 가족문화가 순풍에 돛 단 듯 서서히 일어나고 있다.

이제는 우리 기성세대가 책임 있는 자세를 보일 때다. 혼란한 사회적 불안을 극복하고 해결하는 열쇠는 멀리 있는 것이 아니라 가정 안에 있고, 그 핵심 주체가 바로 '나로부터 시작된다'라고 말이다. 나로부터 시작된 긍정 에너지는 '나비효과'가 되어 그 누구도 예상하지 못한 선한 영향력이 되어 돌아올 것이다.

'가족이 살아야 모두가 산다'라는 핵심 가치가, 모든 사람의 평범한 일상이 되는 날이 현실이 되길 희망한다.

자녀는 부모를 존경하고, 부모는 자녀를 존중하는 건강한 가족을 세우기란 결코 쉬운 일은 아닌 것 같다.

사실 이 책은 아내와 3명의 자녀를 둔 아버지로서 '나 자신을 비춰 보는 거울'이라는 표현이 맞을 것이다. 결혼은 재방송을 용납하지 않는다. 오직 두 사람이 살아 있는 방송을 하다 보니 서로를 힘들게 하고 마음 아프게 한 시간이었다. 지난날 부족한 남편으로서 미안한 마음을 적나라하게 담은 인생 고백이라고 해도 틀린 말은 아니다. 3명의 자녀를 존중하며 양육한 건강한 부모가 아니라, 초보 아빠의 어리숙한 민낯이 그대로 담긴 자화상이다.

또한, 아낌없이 주는 나무처럼 진정한 사랑이 무엇인지 삶으로 보여 주신 양가 부모님처럼, 건강한 삶의 모델을 꿈꾸며 오늘도 삶의 현장을 지키는 파수꾼의 현장의 소리이기도 하다.

이런 이유로 책을 쓰는 데 상당한 용기가 필요했다. 마음에 용기를 북돋워 준 것은 상담과 강의 현장에서 만난 사람들의 목소리 때문이었다. "어떤 부모로 살아야 하나요?" "가족이 이 정도로 중요한지 몰랐습니다" "누가 가르쳐 주었다면 이렇게 살지 않았을 겁니다"라는 말이 충격으로 다가와 용기를 낼 수 있었다.

이 책이 잃어버린 가족의 정체성에 대해 고민하던 분들의 친구가 되기를 희망해 본다.

　세상은 과학기술의 발달로 편리의 극치를 달린다. 그러나 사람들은 점점 바쁘고 외롭게 살아간다. 의사소통의 수단은 첨단을 달리는데 정작 대화를 통한 공감과 사랑은 사라지고 있다.

　사람은 사람을 그리워하지 않으면 살 수 없다는 사실을 잃은 후에야 후회하고 마음 아파한다. 가족은 영원한 한 팀이다. 언제나 곁에서 응원하며 격려를 아끼지 않는 같은 편, 서로를 존중하면서 다른 점은 대화하고 토론하여 한 팀이 되도록 하는 것이 중요하다.

　이 책은 가족과 인간관계에 대한 이론이나 기술을 논하지 않았다.

　사람이 핵심이고, 그 중심에 가족이 있다. 이 에너지가 시대적 위기로 불안감에 사로잡힌 사람들을 견디도록 도와주는 건강한 자원이 되는 자리에 이 책이 조금이나마 도움이 된다면 이것보다 큰 기쁨은 없을 것이다.

신영호

2부 부모교실

3부   가족 학교

부록

1부

자녀교실

1
실패는 자신감의 또 다른 재료이다

— ◆ ——————————————————————— ◆ —

요즘 가끔 마주하는 사람 중에 이런 사람들이 있어 기분이 좋다. 별로 성공한 것도 아니고 부유한 것도 아닌데, 매사에 당당한 자신감으로 얼굴에 미소와 여유가 넘친다. 이런 사람을 보고 있으면 나도 모르게 미소와 함께 기분이 좋아진다.

그런데 또 다른 한쪽에서는 눈살을 찌푸리게 만드는 모습이 스포트라이트를 받는 것 같아 씁쓸하다. 성공한 사람을 부러워하면서도 '아무나 이런 사람이 될 수 없다'라는 그릇된 생각이 질투와 증오를 만들어 낸다. '나는 보잘것없는 사람'이란 생각을 떨치기 위해 자신을 화려하게 포장하거나, 남을 이기려는 욕심에 수단과 방법을 가리지 않고 반칙을 하는 경우도 발생한다. 어떤 경우에는 자신의 약점을 상대방에게 보이지 않으려고 늘 긴장하거나 불안감으로 스트레스 속에서 살아간다.

이런 차이는 어디에서 오는 것일까? 자신감이라는 에너지는 부모나 양육자의 애착과 신뢰에서 비롯된다고 전문가들은 말한다. 굳이 전문가의 말을 빌리지 않더라도 이런 상황은 상담 현장에서 자주 목격된다.

부모의 작은 사랑과 관심은 갓난아기라 하더라도 '나는 사랑받고 있고, 사랑받을 만한 존재구나'라고 느끼도록 해 준다.

상황에 따라 변하거나 상대방에 따라 달라지는 것이 아니라, '나는 내 존재만으로도 사랑받기 충분해' '누가 뭐라고 해도 나는 소중한 사람이야'라는 자기개념에서 자신감이라는 밝고 건강한 에너지가 나오게 되는 것이다.

실패에 대한 관점을 바꾸자

사람들은 실패에 대해서 '나쁘다'라는 부정적인 관점을 가지고 있다. 그 이유는 실패한 내용보다도 주변 사람들에게서 받는 부정적인 관심과 반응 때문이다. 그래서 사람들은 실패를 두려워한다. 무서워서 두려워하는 것이 아니라 주변 사람들에게 받는 부정적 평가와 꼬리표가 싫은 것이다.

사람은 사회적 동물이기 때문에 사회라고 하는 거대한 공동체에서 벗어날 수 없다. 벗어나는 순간 낙오와 죽음의 공포를 각오해야 한다. 이는 마치 물고기가 물이 싫다고 떠나는 것과 같고, 나무가 흙을 떠나는 것과 같다. 이처럼 사람도 생존의 관계망인 사회공동체를 떠나서는 살 수 없다.

그런데 내가 실패할 수 있는 가장 아프고 힘든 위기의 순간에, 사회공동체가 힘이 되어 주기는커녕 비난과 조롱을 한다면 생각만 해도 두려운 일이 아니겠는가?

이제 실패에 대한 부정적인 관점을 바꾸지 않으면 안 된다. 걸음마를 시작하는 어린아이는 부모님의 응원과 관심 속에 엎어지고 넘어지면서도 포기하지 않고 다시 일어나 걸음마를 계속한다. 누가 시켜서가 아니다. 부모가 가르쳐 주지 않아도 아기는 팔다리에 힘이 생기면 넘어져도 다시 일어나 끝내 두 발로 걷는 사람이 된다. 엎어지고 넘어지는 것이 두려워서 시도조차 하지 않는다면 아이는 결코 걸을 수 없게 된다.

너무 어린 시절이라 기억이 희미할 수 있다. 그렇다면 자전거를 처음 타던 때를 기억해 보라. 넘어지는 것이 두렵고 힘들면 자전거를 배울 수 있는가? 넘어져서 아프고 무릎이 깨져도 자전거를 타게 되는 성취감과 비교할 수 없기에 아픈 것을 감수하고 배운다. 혼자의 힘으로 자전거를 타야 한다는 마음과 목표의식도 한몫하기 때문에, 과정에서 오는 수고와 고난도 이겨낸다.

·

두려움을 주는 부모

·

손님 맞을 준비로 음식 만들기에 바쁜 엄마가 분주하게 주방을 이리저리 뛰어다니고 있다. 음식을 맛있게 조리해야 한다는 마음이 앞서면, 평정심이 사라지면서 예민해진다. 평소 같으면 호기심 많은 자녀에게 이런 대화를 하지 않는다.

아이: 엄마 나도 해 볼래.
엄마: 엄마 바쁘니까 방에 가서 놀아.
아이: 나도 만들고 싶어.
엄마: 엄마가 하지 말라고 했다. 넌 가서 공부나 해!
　　(엄마에게 조르던 아이는 결국 음식 재료를 엎고 말았다.)
엄마: 으이그. 내가 못 살아! 그러게 왜 하지 말라는 짓을 해서 엄마

를 힘들게 해.

아이: 엄마. 죄송해요.

엄마: 뭐, 죄송? 엄마가 하지 말라고 했지. 내 이럴 줄 알았어. 네가 뭘 한다고 그래.

하나도 도움이 안 되니까 저지레하지 말고 주방에서 나가란 말이야.

엄마 옆에서 만져 보고 느끼면서 신나게 경험하고 싶은 아이의 상황과 음식을 맛있게 조리해서 손님에게 대접하겠다는 엄마의 상황이 충돌한 것이다. 아이를 키우다 보면 이런 상황은 일어나기 마련이다. 그러나 아무리 분주하더라도 자녀에게 지금의 상황을 설명해서 이해시키는 것이 우선이다. 자녀와 함께 있을 때 현재 상황을 설명하고 이해시키는 것은 부모의 중요한 역할이다.

아이는 엄마와 즐거운 시간을 갖고 싶어 하는 마음도 거절당했을 뿐만 아니라, 저지레를 하는 못난 아이로 취급을 받은 것이 마음에 상처가 된다. 이렇게 자신의 의사가 존중받지 못하고 야단을 맞는 일이 자주 발생하면, 아이는 자아가 위축되어 스스로 해야겠다는 동기가 상실되어 간다.

여기서 끝나지 않고, '나는 엄마를 힘들게 하고 화나게 하는 사람'이라는 죄책감이 자리를 잡으면 '나는 아무것도 못 하는 바보 같은 애야' '내가 하는 일은 모두 실패하고 말 것이야'라는 패배감에 사로잡히게 되기도 한다.

이런 상황이라면, '엄마가 바빠서 지금은 놀아줄 수 없어! 미안해. 조금 있으면 끝나니까 심심하면 인형놀이를 하는 건 어떨까?' 'ㅇㅇ이가 엄마와 함께 만들어 보고 싶은 거구나. 그렇지만 엄마가 집중해야 하니까 오늘은 이것만 만들면 어떨까?'라고 하면서 최대한 존중하는 것이 중요하다.

아이의 요청에 일단 긍정적으로 반응한 후에 욕구가 무엇인지 파악하여 대처하는 것이 필요하다. 'ㅇㅇ아. 엄마가 지금 아주 중요한 일을 하고 있어서 실수하면 곤란하니까 좀 이해해 줄 수 있겠니?'라며 협조를 구해야 한다.

·

실패는 위대한 스승

·

성공한 사람들의 특징은 실패의 경험이 많다는 것이다. 실패하지 않고 최고의 자리에 오른 사람은 없다.

세계적인 발명왕 에디슨이 전구를 발명했을 때 기자가 물었다.

"선생님, 전구를 발명하려고 수천 번 실패하셨는데, 어떻게 생각하십니까?"

"실패라고요? 저는 단 한 번도 실패라고 생각한 적이 없습니다. 오늘 제가 전구를 발명한 것은 전구를 만들지 못했던 수천 번의 실험이 있었기에 가능한 것입니다."

실패는 성공을 위한 과정이라고 보았던 이런 태도가 에디슨을 역사상 가장 위대한 발명왕으로 만들었다.

청춘의 특권은 젊음이 아니라 실패를 두려워하지 않는 용기다. 실패하더라도 언제든지 다시 시작할 수 있다는 마음으로, 뚜벅뚜벅 발걸음을 내딛는 용기는 청춘에게 주어진 특권이다.

포기가 아닌, 다시 시작하는 용기야말로 어제의 실패가 내일의 성공에 초석을 다지는 선물이 된다. 더는 실패했다고 포기하거나 두려워하지 말자. 심장이 쿵쾅쿵쾅 뛰고 있는 한 기회의 문은 항상 열려 있다. 그냥 그 자리에 주저앉아서 낙심하는 것보다 실패하더라도 도전을 멈추지 않는 용기가 진정한 의미의 성공이다.

실패는 누구에게나 찾아오는 감기 바이러스와 같은 것이다. 바이러스가 나에게 오는 것을 근본적으로 차단하거나 막을 수는 없다. 이 바이러스를 이기는 유일한 방법은 내 건강을 키워 건강한 면역력을 갖는 것이다.

실패의 책임을 부모나 타인에게 돌리면서 실패한 자리에 주저앉아 있을 것인지, 아니면 두려움을 딛고 일어나 도전이라는 것을 선택할 것인지 최종 선택은 오직 본인의 몫이다.

가족 토론방

질문 1: 나는 실패에 대해 평소 어떤 견해를 가지고 있는가?

질문 2: 중요한 일에 실패했을 때 주변의 반응을 서로 나누어 보자.

질문 3: 실패는 자신감의 또 다른 재료라는 의견에 대해 어떤 생각을 가지고 있는가?

2
열등감으로부터의 자유

───◆───◆───

　열등감은 개인이 어떤 일에 대해 잘 적응하지 못해 자신이 남들보다 뒤떨어진다고 보면서 상대방과 비교하는 특징을 가지고 있다. 누구나 익숙하지 않은 일을 할 때는 적응에 어려움이 있는 것이 당연한 이치인데, 주변의 익숙한 사람을 보면서 자신을 탓하게 된다.

　열등감은 '난 이런 것 하나 못하고 있네', '참 한심하다. 한심해'라며 스스로 무가치한 존재라고 여기는 감정을 말한다. 누구나 이 감정에 사로잡히면 앞으로 나아가고 싶지만 새로운 상황에 대응하지 못하거나 과제 해결 능력이 떨어진다. 실패에 대한 부정적인 생각과 두려움이 강하게 작용하여 결국 삶에 어려움을 겪게 된다.

　사람에게는 저마다 인생살이의 어두운 터널이 있기 마련인데, 열등감도 그중에 하나이다. 열등감에 사로잡히면 긴장감 속에서 문제를 더 크게 보기 때문에 낙심하여 앞으로 나아가지 못하는 상황에 빠지게 된다.

　그렇다면 '우월감'은 어떨까? '열등감보다는 우월감으로 문제를 해결하는 것이 좀 더 긍정적인 영향을 주지 않을까?'라는 생각이 든다. 그러나 겉으로 보면 그렇게 보이지만 전혀 그렇지 않다. 우월감과 열등감은 '다른 대상과 항상 비교한다'라는 점에서 뿌리가 서로 같다. 두 감정 모두 자기 자신을 있는 그대로 보지 않고 다른 사람과 비교하면서 평가하기 때문이다.

이렇게 나와 상대방을 비교하는 것도 문제가 되지만, 세상을 열등한 것과 우등한 것으로 구분하고 자기를 타인과 비교하여 우열을 가리는 기준으로 삼는 것은 건강한 방법이라고 보기 어렵다. 경제적 어려움이 있는 사람은 돈의 적고 많음으로 세상을 구분하고, 학력에 콤플렉스가 있는 사람은 학벌로 우열을 삼는 것이 그 대표적인 예다.

열등감에 사로잡히면 새로운 상황을 우호적으로 바라보지 않는다. 앞으로 나아가고 싶은 마음은 확실하지만, 실패하거나 일이 잘못되어 비난받을 것을 두려워하기 때문에 시도하는 데 어려움이 따른다. 실패하지 않기 위해서는 처음부터 도전하지 않아야 하고, 도전하지 않으면 결과에 대해서도 비난을 피할 수 있기 때문이다.

열등감이란 에너지

열등감의 에너지는 상상을 초월한다. 원하는 목표를 위해 부정적인 에너지를 무분별하게 사용하는 사례가 있는데, 조심하지 않으면 많은 것을 잃게 된다. 성공을 위해 열정이라는 이름으로 에너지를 쏟아 원하는 목표를 이룬다고 하더라도 이미 강화된 열등감에서 벗어나지 못하고 평생 노예로 살아간다.

만약 피해의식에 사로잡혀 자기만의 좁은 마음에 담을 쌓고, 마음의 문마저 닫아 버리면 신선한 공기도 따사로운 햇살도 들어오지 않는 인생을 살아가게 된다. 자신의 약점을 드러내지 않고 숨기는 것은 남들보다 우월하다는 인정을 받고 싶기 때문이다. '내가 너보다는 괜찮은 사람이다' '누구보다 더 성공한 사람이 될 것이다'라는 목표를 자기보다 더 높은 가치로 삼고 달리기 때문에, 문제가 발생했을 때 해결되기보다 점점 어려운 상황에 빠지게 된다.

사람이 어떤 행동을 습관처럼 하는 것은 이유가 있다. 행동하면 주어지는 달콤한 열매가 있기 때문이다. 이를 '보상심리'라고 한다. 열등감으로 인해 보상 욕구를 충족하고 있다면 과감하게 내려놓아야 한다. 열등감에 휩싸여 성공하려는 심리가 있다면 당장 멈춰야 한다. 건강하지 않은 동기와 과정은 진정한 성공을 보장할 수 없다. 문제가 있다는 생각이 들면 내가 지금 무엇을 하려고 하는지 따져 보는 지혜가 필요하다.

·

열등감과 자존감

·

열등감의 포로가 되면 다른 사람을 탓하거나 환경을 문제 삼아 책임을 회피하려고 한다. 우리는 이것을 '회피 기제'라고 하는데, 이루어야 하는 과제가 막중하거나 인생의 중요한 문제일수록 적당한 핑계가 있어야 자신을 보호하는 명분이 된다. 예를 들면 '너무 긴장한 나머지 실수했다'라고 하면 나름대로 명분도 서고 책임에서는 벗어날 수 있기 때문이다.

열등감에서 벗어나는 유일한 길은 있는 그대로의 나를 인정하고 존중하는 '자존감'을 회복하는 것이다. 다른 사람과 비교하는 것을 멈추고 나 자신을 있는 그대로 존중하고 진심으로 사랑할 수 있는 마음이 중요한 것이다.

삶에 지치거나 마음에 상처가 있는 사람일수록 자존감이 떨어지고 열등감에 사로잡혀 불행한 생활을 하게 된다. 소중한 내 인생을 대신 살아 주거나 책임질 수 있는 사람은 이 세상에 아무도 없다. 그래서 나를 지키면서 나다운 모습으로 살아가는 것이 무엇보다 중요하다. 따라서 자존감을 회복하여 스스로 긍지를 느끼며 일상을 멋지게 살아내는 삶이 무엇보다 중요하다.

스스로 주체가 되어 자기 존재를 인정하고 존중하며 신뢰하는 자존감이 상대적 열등감을 극복하는 힘이자 주도적인 삶의 에너지가 된다.

내가 나를 싫어하고 밀쳐내는데 다른 사람이 좋아해 줄 리 만무하고, 자기 자신에게 확신이 없는데 다른 사람들 속에 들어가서 어울리기란 쉽지가 않다.

사람은 원래 타인의 말이나 평가에 살고 죽는 동물이기 때문에 자신과 아무런 상관이 없는 사람의 평가에 의해서도 기분이 좋아지고 부정적인 말을 들으면 속상하고 화가 난다.

그래서 나 자신의 존재에 대한 정체성의 뿌리를 든든하게 내려야 한다. 내 존재에 대한 확신이 있으면 남들의 평가나 이목 따위에 연연하지 않기 때문이다. 좋은 말을 들었다고 내가 갑자기 좋아지지 않듯이, 부정적 평가 역시 그 사람의 주관적인 판단이고 편향적이라는 것을 잊으면 안 된다. 내 전부를 포함하고 있지 않고 지극히 일부분이 문제가 된 것을 인정하고 크게 마음에 담아 둘 필요가 없다.

남들의 평가에 연연하는 것은 내 자존감을 떨어뜨리는 주범이다. 나의 존재를 의심하거나 남들의 평가에 자신을 내어주는 어리석음에서 벗어나야 한다.

건강한 나를 스스로 인정하고 내가 원하는 삶을 자력으로 살아가는 것이 중요하다. 남들이 원하고 기대하는 삶을 위해 꼭두각시로 산다면 자존감과는 더 멀어질 뿐이다.

남의 눈치를 보며 사는 사람에게서 행복한 삶의 열매가 맺히겠는가?

내 인생의 주인공은 오직 나 자신이고 내가 서 있는 무대는 세상이다. 이 무대에서는 결코 조연이 아닌 당당한 주연이 되어야 한다.

근본적으로 이 세상은 오직 나 한 사람을 위해 존재하는 무대이고, 모든 에너지는 나를 돕기 위해 오늘도 대기하고 있다.

check point

열등감에서 벗어나는 유일한 길은 나를 있는 그대로 인정하고 존중할 때 비로소 시작된다. 다름은 틀린 것이 아닌 그 사람만이 가지고 있는 독특성이다. 다름이 인정될 때, 비교를 멈추고 나 자신을 있는 그대로 존중하고 사랑하게 된다.

가족 토론방

질문 1: 열등감이 삶의 현장에서 어떤 모습으로 나타나는가?

질문 2: 열등감과 우월감은 두 감정 모두 자기 자신을 있는 그대로 보지 않고 다른 사람과 비교한다는 점에서 뿌리가 같다는 견해에 대해서 어떻게 생각하는가?

질문 3: 다른 사람의 눈치를 보며 비교하는 행동은 어느 때 하게 되는가?

가족,
넌 괜찮니?

3
마음렌즈

◆━━━━━━━━━━◆

아름다운 풍경이 눈앞에 펼쳐져 있어도 사람마다 보는 관점이 다르다. 나무 고유의 결이나 나뭇잎의 자태에 흠뻑 빠진 사람이 있는가 하면, 화려하게 옷을 갈아입고 향기를 가득 품은 채 아름다움을 뽐내는 꽃을 즐기는 사람도 있다. 정해진 답은 없다. 마음이 원하는 것을 실컷 보며 즐기면 족하다. 이렇게 우리는 세상이 넓고 온갖 화려한 것이 우주를 이루고 있어도, 내 마음이 움직이는 대로 보고 느끼고 경험하면서 살아간다.

내 마음의 렌즈가 '이것이 필요해'라고 하면, 오감이라는 시스템이 작동한다. 세상이 아무리 복잡하고 시끌벅적해도 눈에 들어오지 않는다. 집중하고 있는 것 외에는 모든 것이 엑스트라일 뿐이다. 사람은 지금 집중하고 있는 것에 내 마음이 움직인다. 마음의 렌즈가 어떤 색을 가지고 있느냐에 따라 상황은 얼마든지 달라진다는 뜻이다.

결국, 자신의 마음이 본질이고 세상에서 일어나는 일은 현상이라는 뜻이다.

이는 마치 샘물과 같다. 우물은 무더운 여름에 떠서 먹으면 참 시원하다. 냉장고가 필요 없을 만큼 말이다. 그러나 같은 우물물이라 하더라도 추운 겨울에 떠서 먹으면 미지근하다. 같은 샘물인데 무더운 여름에는 시원하고 추운 겨울에는 미지근한 이유가 무엇일까? 그 이유는 샘물은 지하수라서 항상 섭씨 18도를 유지하고 있기 때문이다. 주변의 온도가 높을 때 샘물을 마시면 시원하고, 반대로 추울 때는 미지근하게 느껴지는 것이지 샘물이 변하는 것은 아니다.

마찬가지로 '나'라는 존재는 우물처럼 항상 그대로 있다. 주변 환경으로 인해 그렇게 느껴질 뿐이지 본질이 상황에 따라 바뀐 것은 아니다.

첫눈이 내리는 공원을 거닐면서도 '참 아름답고 행복하다'라고 느낄 수 있고, 반면에 '너무 외롭고 슬프다'라고 느낄 수도 있다. 눈이 내리는 것은 같은 상황인데 마음의 렌즈에 따라 다르게 보이는 것이다.

우주는 내 마음에 담긴 믿음과 생각을 전적으로 지지한다. 잠재의식에서 믿고 지지하는 모습 그대로 이루어진다는 뜻이다. 이 에너지는 내 모습 그대로 받아들이고 비판이나 판단은 하지 않는다. 우리가 이름을 붙여 주면 우리에게 에너지와 힘으로 달려올 뿐이다.

내가 만약 세상을 한탄하면서 '내 인생은 외로워. 아무도 사랑해 주지 않는구나'라고 결론을 내리면 그대로 사랑받지 못하는 인생이 된다.

그러나 '난 사랑받기 위해 태어났어. 지금도 사랑받고 있어'라는 이름을 붙이는 순간부터 이름에 걸맞은 사랑꾼이 된다.

·

시간을 다스리는 힘

·

우리 인생은 시간여행과 같다.

과거, 현재, 미래라는 시간의 삼총사는 우리 인생과 때론 동반자와 벗으로 함께 한다.

가족,
넌 괜찮니?

과거의 시간을 기억이라고 정의할 때, 인생의 화려한 면면이 뒤안길의 흔적으로 남아 의미를 더한다. 기억할 만한 가치가 있다고 판단해 흔적을 남겼기 때문에 떠올리는 순간, 지금의 삶과 관련이 있다고 안내를 해 주는 셈이다.

그러나 과거의 기억이 에너지가 되어 현재의 삶에 영향을 주더라도, 기억은 이미 과거라는 생각의 틀 속에 기념품처럼 갇혀 있다.

그런데 우리는 과거의 틀 속에 갇힌 기억을 강제로 불러내 현재의 시간을 아픔과 불행으로 몰아간다. 과거의 기억 중 긍정적인 것을 '추억'이라 이름 붙인다면, 추억은 현재의 삶에 건강한 에너지로 쓸 재료가 되니 다행이다. 하지만 과거의 기억은 부정적인 것이 대부분이다. 우리는 이것을 '후회'라고 부른다. 과거를 회상하면서 후회를 많이 하면 할수록 현재를 움직이는 에너지가 약해진다. 후회는 대부분 상처로 얼룩진 과거가 많아 시간이 흐른 뒤에도 사라지지 않는 특징이 있다. 아픈 과거를 떠올리는 순간 가슴 아프고 힘들었던 그 자리로 돌아가 여전히 아픈 상처를 끌어안고 눈물짓게 된다.

과거는 지나간 흔적에 불과하다. 이미 지나간 흔적을 지우거나 바꿀 수는 없다. 그러나 한 가지 희망이 있다. '과거 흔적에 대한 내 생각은 얼마든지 바꿀 수 있다'라는 것이다.

까마득한 옛날 누군가가 나에게 상처를 주었다고 해서 지금도 여전히 아프고 고통스럽다면 얼마나 안타까운 일인가?

지금 중요한 것은 '현재의 나'이다. 지금에 집중하여 생각하고, 말하고, 행동하는 것이다. 건강한 삶이란 지금 나의 바른 생각이 말과 행동으로 나타나서 이것을 경험하면서 만족하는 것이다. 말과 행동이 내 마음에 들고 만족스러울 때 우리는 이것을 행복이라고 한다.

어떤 사람이 부정적인 생각이 많아 삶이 혼란스럽고 불안한데 '난 괜찮아. 인생이 다 그런 거지!'라고 하면서 당당한 척은 할 수 있다. 그러나 '난 행복해'라고 말하기는 어렵다.

현재의 삶에 만족하지 못하면 어느새 불평이 그 자리를 찾아 앉는다. 불안한 마음과 두려움 등 부정적인 생각이, 현재의 삶을 더욱 혼란스럽게 하는 것이다. 더 큰 문제는 지금의 생각과 말이 현재의 행동에서 끝나지 않고 인생의 미래를 만든다는 것이다.

현재의 관점에서 볼 때 미래라는 시간은 사실 존재하지 않는 미지의 세계다. 미래 역시 과거와 마찬가지로 생각이라는 틀 속에 갇혀 있다. 생각의 날개를 펴 시간의 여행을 떠나면 미지의 세계가 훤히 펼쳐진다. 미지의 세계지만 '희망'이 보이면 힘이 나고 에너지가 샘솟는다. 그러나 '걱정과 염려'가 다가오는 순간 희망은 사라지고 불안과 두려움이 엄습해 온다.

지금 내 인생이 중요하다면 생각을 바꿔야 한다. 생각은 얼마든지 바꿀 수 있다. 우리가 얼마나 오랫동안 부정적인 생각에 사로잡혀 살았는가를 깨닫는 순간, 과거는 우리에게 영향을 미치지 못한다. 삶의 힘이 현재에 있다는 것을 선언하는 순간, 과거로부터 자유롭고 건강해지기 위해서는 용서의 과정을 거쳐야 하는데 그 과정이 쉽지 않다. 과거의 상처는 대개 인간관계에서 오는데, 멀리 있는 사람보다는 가까운 사람들에 의해 발생한다.

나를 배신하고 사기 치고 떠난 사람으로 인해 회사가 파산했다. 그를 용서할 수 있겠는가?

누명을 씌우고 도망간 친구로 인해 천하에 나쁜 사람이 되고 말았다. 용서가 가능할까?

사람으로서 차마 할 수 없는 짓을 한 사람을 용서한다는 것이 가능할까?

주변 사람의 잘못으로 인해서 소중한 것을 잃고, 고통과 상처로 일상생활이 엉망이 됐는데 '용서'라는 말을 하기란 결코 쉬운 일이 아니다.

사실 사람은 삶에서 크고 작은 상처를 받으며 그 속에서 살아가지만, 대개는 순응하거나 적응하며 살아간다. 그러나 가장 가까운 사람에게서, 그것도 어린 시절에 받은 상처라고 하면 얘기는 달라진다.

학대에 노출된 아이의 경우를 예로 들어보자. 심한 욕설이나 폭력도 문제가 되지만 더 심각한 문제는 부모가 자신을 버리고 떠날지도 모른다는 공포가 더 크게 작용한다.

우리는 주변에서 상처로 고통받는 사람들에게 이런 말을 쉽게 한다. '그만하면 됐어. 용서해 줘', '이제 잊어버려. 지난 과거잖아'라고 말이다.

왜 상처와 학대를 받고 고통스러운 과거를 살아야 했는지 전혀 이해가 안 된 상황에서 '그만하면 충분해. 용서해'라고 쉽게 접근하는 것은, 아픈 상처로 고통당하는 사람에게는 또 다른 이름의 학대와 다르지 않다. 과거의 상처와 그 사건에 대해 사과하고 책임졌을 때 그로부터 마침내 자유로울 수 있다.

부모와 자녀처럼 중요하고 긴밀한 관계도 없다. 자녀에게 마음의 상처를 준 일이 있다면 진심으로 사과하고 성숙한 마음으로 책임을 지는 자세가 무엇보다 중요하다. 이처럼 상처는 누군가 책임을 지고 어루만져야 치유된다.

용서는 어려운 숙제처럼 준비 과정이 필요하다. 준비 과정 없이 섣불리 용서하는 경우 부작용이 따른다. 상대가 용서를 받을 만해서 용서하는 것도 아니고 아픈 상처가 저절로 아물어서 하는 것도 아니다. 내가 과거에서 벗어나 현재의 나로 살기 위해서다.

지금도 울컥하고 억울한 마음이 올라오지만 더는 내 삶이 아프고 흔들리면 안 되니까 용서하는 것이고, 내가 살기 위해 용서하는 것이다.

누군가를 미워하는 만큼 스스로 외면하며 방치로 일관하던 나를 꼭 안아 주는 것이 용서다. 지금 나의 행복할 권리를 찾아 누리는 것보다 더 중요한 것은 없다.

가족 토론방

질문 1: 변하지 않는 본질은 무엇이라 생각하며, 시시각각 변하는 생활 속 현상은 구체적으로 어떤 모습으로 우리 주변에 영향을 준다고 생각하는가?

질문 2: 과거와 현재와 미래가 내게 어떤 의미인지 나눠 보고, 3가지 의미를 잘 나타낼 수 있는 상징물은 무엇이라고 생각하는가?

질문 3: 용서는 과거의 상처에서 벗어나 현재의 나로 당당하게 살기 위한 용기라는 점에 대해서 어떻게 생각하는가?

가족,
넌 괜찮니?

4
포기하지 않으면 기회는 반드시 온다

◆────────────────◆

　학창시절 지독한 왕따로 고통받았던 청년이 있었다. 그는 다른 아이들처럼 평범한 학교생활을 꿈꾸었지만 언제나 돌아오는 것은 친구들의 차가운 시선과 폭력의 공포였다. 두려움에 떠는 자신이 싫어서 극단적인 생각도 여러 번 할 정도로 힘든 시간이었다. 그가 할 수 있었던 유일한 방법은 사람들의 눈을 피해 점점 자기만의 안전한 공간으로 숨는 것이었다고 한다. 일명 '은둔형 외톨이'(히키코모리. 집이나 방 안의 특정한 공간에서 머물며 대인관계나 사회생활을 기피하는 사람이나 현상. 우리나라는 약 25-30만 명으로 추산되며 점점 증가하는 양상을 보임)가 된 것이다.

　그는 현재 30대 후반의 적지 않은 나이지만, 독립은 꿈도 꾸지 못한다고 했다. 지금은 어머니와 생활하고 있는데, 일과 중 거의 대부분을 PC게임으로 시간을 보내거나 TV를 보는 것 외에는 하는 것이 없다고 한다. 친구와 식사를 하거나 지인을 만나 대화하는 것은 너무 오래된 일이라 기억조차 희미하다고 한다. 대부분 온라인 게임에서 주고받는 메시지가 하루의 대화 중 유일하다고 할 정도로 철저하게 대인관계를 거부한 채 자신만의 세계에서 살아가고 있었다.

　스스로 학교를 포기한 그는 주변 사람들의 평가가 싫어 점점 자기만의 세계에 빠져들었고, 이런 자신의 나약한 모습이 싫어서 자기비하와 우울감에 사로잡혀 술을 마시는 날이 점점 늘어나게 되었다고 한다.

결국, 청년은 어머니의 간곡한 부탁을 외면할 수 없어 상담센터를 방문하게 되었다. 꾸준하게 관리를 한 결과 지금은 일상생활에 무리가 없을 만큼 호전되어, 단기 아르바이트를 할 정도가 되었다.

우리나라도 '고독사'가 사회적으로 큰 문제로 대두되고 있다. 고(孤)는 '홀로'라는 뜻으로 부모님 없이 혼자 자란 것을 의미하며, 독(獨)은 자녀가 없는 늙은 사람을 지칭한다. 그러므로 '고독'은 사람에게 있어서 가장 중요한 '가족공동체'가 해체된 사람으로 그 후유증이 얼마나 크고 심각한지를 보여 주는 안타까운 뜻을 내포하고 있다.

앞선 사례에서 보듯이 청년의 어머니는 끝까지 자녀를 포기하지 않았다. 고등학교를 자퇴한 이후 집 밖으로 나가지 않았던 아들이었다. 이것저것 시도하면서 수많은 실패를 맛보았다. 그러나 어머니의 사랑은 마침내 고립의 세계로부터 아들을 일상으로 나오도록 만들었다.

실패하게 되는 수많은 이유가 있지만 확고한 신념을 가지고 포기하지 않는 어머니의 사랑에 아들의 마음이 움직인 것이다.

•

사회적 관계 안에서 회복

•

학교를 중간에 그만두거나 자신이 속했던 공동체에서 떠난 후에도 사회적 관계를 지속하는 것이 중요하다. 사람이 사람을 떠나, 사회공동체에서 멀어지면 안 되는 이유가 여기에 있다. 물고기가 물을 떠나살 수 없고, 나무는 흙을 떠나 살 수 없는 것처럼, 사람 역시 사람을 떠나 홀로 살 수 없는 존재이다.

사회적으로 심각한 왕따를 경험한 사람이라도 가족관계가 건강하면 시간이 좀 걸리더라도 반드시 치유된다. 은둔형 외톨이처럼 사회적 자극이 제한되어 대처능력이 미숙하더라도 본인이 안전하다고 여기는 자극에 노출되는 연습과 훈련이 필요하다.

예를 들면 산책을 하거나 PC방에 가고 가벼운 먹거리를 사는 등의 행동을 시작할 때, 주변에서 적극적으로 응원하면서 격려해 주어야 한다. 이런 과정을 통해 안전이 확보되면 자녀는 점점 자신의 울타리를 넓혀 호기심과 모험을 선택하게 된다.

이때 가장 중요한 것은 역시 정서적인 지원이다. 용기를 가지고 출발했어도 물리적 저항이 만만치 않다. 집 앞 공원을 산책하는 사소한 일이라도 자녀가 받은 과거의 상처가 떠오르면 그 생각에 압도되어 단 한 발자국도 움직이지 못하는 경우가 생길 수 있다. 따라서 시간과 여유를 가지고 기다려 주는 마음이 무엇보다 중요하다.

자녀에게 도움이 되는 몇 가지를 살펴보면 다음과 같다.

첫째, 존재감을 잃지 않도록 하라.

사람은 환경의 영향을 받는다. 주변 환경에 압도당하는 순간 당당하던 내 존재는 어느새 사라지고, 무기력하게 주저앉은 초라한 민낯만 보인다.

문제 상황만 바라보면서 신세를 한탄하는 것이 아니라, 소중한 내 존재를 바라보면서 위기상황을 극복할 수 있도록 해야 한다. 문제 상황으로 인해 아무리 많은 시간 동안 고통을 받았어도 이 문제로부터 벗어날 수 있는 길은 의외로 가까운 곳에 있기 때문이다.

내면의 잠재의식 속에 있는 거인을 깨우면 되는데, 열등감이라고 하는 괴물을 깨운다면 이것처럼 어리석은 일은 없다. 열등감을 극복하면 건강한 삶을 살아가게 되지만 열등감에 사로잡히면 심각한 콤플렉스에 사로잡히게 된다. 이를 극복하기 위해서는 스스로 열등하다고 여기는 부분을 인정한 다음에 이것을 보완할 수 있는 장점을 찾아야 한다. 부정적인 생각이 몰려올 때는 일부러라도 긍정적인 생각을 소리 내어 외치면 열등감의 괴물은 흔적도 없이 사라진다.

둘째, 꾸준한 관심을 가지되 기대감을 내려놓아라.

은둔형 외톨이는 처음부터 치료를 목적으로 접근하는 것보다 꾸준한 관심을 가지고 자녀와 함께 한다는 마음으로 접근하지 않으면 실패할 확률이 높다. 부모가 급한 마음에 여러 가지 기대감으로 접근하는 것처럼 무서운 것은 없다. 물론 자녀를 치료하는 데 부모의 협조와 역할은 매우 중요하다. 그러나 기대감에 사로잡혀 앞뒤 가리지 않고 달려드는 부모가 되어서는 문제를 해결하는 데 장애가 될 뿐이다.

셋째, 전문가의 도움을 받아라.

사람은 누구나 잠재의식 속에 능력이 있다. 어떤 어려움이나 위기상황을 극복하고 이겨 낼 만한 힘과 에너지가 있는 것이다. 하지만 위기에 빠지면 잠재된 능력이 발휘되기도 전에 문제로 인해 위축되어 힘을 발휘하지 못하게 된다.

잠재된 에너지를 깨워 그 에너지로 위기상황을 극복하기 위해 전문가의 안전한 가이드가 필요하다. 열등감에 사로잡히면 타인에게 자신의 어떠한 모습도 보여 주지 않으려고 한다. 그래서 주변 사람의 관심이나 사랑을 애써 외면하고 차단하기 바쁘다. '나는 열등하지 않기 때문에 주변 사람의 도움 따윈 필요 없어'라고 외친다.

건강한 사람은 도움을 받아야 할 상황이라고 판단되면 주저 없이 도움을 요청한다. 누군가의 도움을 받았다고 해서 자신이 못났거나 열등하다고 느끼지 않는다. 힘들거나 버거울 때는 스스럼없이 도움을 받을 뿐만 아니라 주변에서 도움이 필요하다고 요청을 해 오면 적극적으로 반응을 해 준다.

가족 토론방

질문 1: 포기할 정도로 힘들었을 때 어떻게 이겨 내고 극복했는가? 구체적으로 이야기를 나누면서 그때의 마음을 있는 그대로 표현할 수 있는가?

질문 2: 포기하고 싶을 때, 그 고민을 누구와 상의하고 있는가? 주변 사람들이 어려워할 때 어떻게 도움을 주고 있는가?

질문 3: 고독은 개인의 문제가 아니라, 현대사회의 불균형이 고독을 만들어 내는 안타까운 상황이다. 이 의견에 대해 어떤 생각을 하고 있는가?

5
국경이 없는 생각의 영토

◆━━━━━━━◆

20세기만 해도 인류는 국가를 튼튼히 하고 영토를 넓히려는 목적을 이루기 위해 전쟁도 불사하는 무모함이 있었다. 영토는 한 나라를 세우는 중요한 요소로 땅을 잃으면 모든 것을 잃는다는 의식이 지배했기 때문이다.

역사적으로 보면 땅을 잃고 국민이 흩어지는 아픔을 겪었던 유대인들은 이 아픔을 승화시켜 새로운 방식으로 영토를 넓혀 왔다. 바로 독특한 금융 네트워크를 활용한 독보적인 시스템으로 세계 경제를 움직이는 거인이 된 것이다.

생각도 이와 같다. 물리적 한계와 제한이 따르는 국경과 같이 제재와 통제를 받는 것이 아니라, 자유롭게 활동하면서 상상의 날개를 펼칠 수 있는 특징이 있다.

인터넷이 좋은 예라고 할 수 있다. 인터넷은 물리적인 공간에 제한되어 있던 환경을 가상이라는 상상의 세계로 초대하여 현실과 자유자재로 교류하도록 바꿔 놓았다.

상상력은 이미지와 문화라는 옷을 입고 현실 세계의 건강한 자원이 되고 있다. 막대한 경제적 자금을 움직이기도 하고 새로운 문화를 통해 보이지 않는 영토를 확장해 나가고 있다.

가족,
넌 괜찮니?

생각에서 점점 멀어지는 사람들

사람이 동물과 다른 특징이 있다면 '생각하는 존재'라는 것이다. 본능에 의해서 행동을 하는 동물과는 달리, 들어온 정보에 따라 상황을 파악하고 그 상황에 맞게 이성이 활성화되는데 우리는 이것을 생각이라고 한다.

만약에 사람이 이성이 마비된 채, 일어나는 욕구와 감정이 조절되지 않는다면 이 세상은 어떻게 될까? 끓어오르는 감정을 주변 사람에게 폭발하고, 시도 때도 없이 물리적인 폭력과 폭언이 난무하고, 자기 마음에 들지 않는다며 상대방을 함부로 대하는 등 인격살인을 한다고 생각해 보자. 약육강식이 지배하는 정글처럼 본능에 의한 야만성과 무질서가 인간사회를 지배하게 될 것이다.

그러나 사람은 '생각하고 행동하는 것'을 추구한다. 어떻게 행동할 것인지 생각의 틀에서 모양을 그리며 심사숙고하게 된다. 생각에 머물러 있지 않고 행동이 몸 밖으로 나오면 대부분 본인이 해결하고 책임져야 하는 상황이 되기 때문이다. 이런 과정을 하루에도 수천 번씩 반복하며 선택의 과정을 거친다.

사랑하는 사람과 소중한 약속이 있는 날 아침은 이런 생각을 하면서 보낸다. 서로 만나 영화를 보기 전에 분위기 좋은 곳에서 브런치를 먹을 것인지, 아니면 한식 위주의 건강식으로 제대로 먹을 것인지 짧은 고민과 함께 선택의 과정을 거친다. 스트레스가 빗발치는 현장에서 수많은 에너지를 쏟은 대가로 받은 월급으로 가족과 생활하며 지출하는 일은 기쁨이다. 가족을 향한 마음이 아름다움으로 넘치면, 밖에서 회사 일이나 그 어떤 일을 선택할 때 신중하게 결정하고 책임을 다하는 자세를 갖게 된다. 섣부른 생각과 잘못된 선택이 우리의 삶에 돌이킬 수 없는 영향을 주기 때문이다.

그런데 우리의 삶에 중요하게 영향을 주는 생각이 점점 설 자리를 잃어 가고 있다.

더 큰 문제는 우리의 삶의 현장에서 생각이 줄어드는 것에 대해서 경각심을 갖거나 안타까운 반응을 보이지 않는다는 것이다. 평소 어떤 생각을 하면서 살고 있는지, 생각의 질이나 생각하는 시간이 어느 정도 되는지, 작고 사소한 것을 결정하더라도 어느 정도 세심하게 파고들고 있는지에 대해 우리는 별 고민 없이 쉽게 결정을 내린다.

.

빛보다 빠른 정보의 홍수

.

우리는 정보의 홍수 시대에 살고 있다. 매일 쏟아지는 정보의 양은 통제 불능으로 치달아 사람들이 오히려 정보에 압도당하는 지경에 이르렀다. 하루에 쏟아지는 정보의 양이 16세기를 살았던 사람이 일평생 접하는 정보의 양보다 더 많다고 한다면 믿겠는가?

정보통신의 발달은 더 많은 양의 정보를 빠르게 전달하는 데 사활을 건다. 이 싸움이 치열한 이유는 2등으로 정보가 전달되면 고객은 이미 다른 관심사에 흥미를 보이기 때문에 사활을 걸고 빛보다 빠르게 전달하려고 한다. 각종 매스컴에서 실시간으로 새로운 정보를 업로드하는 이유도 거대 경제가 매스컴과 광고사가 손잡고 고객에게 새로운 소식을 전달하기 때문이다.

그러나 문제는 이 정보를 받아들이는 우리의 몸이다. 정보는 빛의 속도로 달려와 뇌를 자극하고 있는데 우리 몸은 정보에 별 관심이 없다면 그냥 스쳐 지나가는 바람과 같다.

　뇌에는 오감을 통해서 정보가 들어오는데 그 양이 1초에 1천만 개가 넘는다고 한다. 그 양이 실로 엄청나다. 그런데 더 놀라운 사실이 있다. 오감을 통해서 들어온 많은 정보를 모두 받아들이는 것이 아니라, 스스로 편집 과정을 통해서 불필요한 정보들은 과감하게 정리한다. 단 1초 만에 천만 개의 정보를 40개 정도로 걸러서 받아들이는 시스템을 통해 뇌가 자체적으로 자신을 보호한다.

　문제는 이 과정에서 생긴다. 짧은 시간에 많은 정보를 처리하고 편집을 하는 과정에서 '착각과 오류'가 발생한다. 한가롭게 풀을 뜯는 소처럼 몸이 정보에 반응을 보이지 않으면 아무리 강력한 정보가 많이 들어와도 '보고 싶은 것만 보고, 듣고 싶은 것만 듣고, 믿고 싶은 대로 믿는' 상황이 되는 것이다. 뇌와 몸은 하나의 정보에 서로 같은 반응으로 일치하려는 속성이 있다. 들어오는 정보도 생소한데, 서로 다른 반응을 보인다는 것 자체가 위기상황에 노출되기 때문이다.

　정보의 홍수는 우리에게 또 다른 숙제를 가져다준다. 빛의 속도로 정보가 쏟아지면 우리의 몸은 몰려오는 데이터를 걸러내기 위해 초긴장 상태가 된다. 내게 유익한 정보인지 구별하기 위해 에너지를 쓰다 보니 자연적으로 스트레스가 유발된다. 심장 박동은 올라가고 혈액순환이 빨라진다.

　문제는 여기서 끝나지 않는다. 쏟아지는 데이터를 처리하기 위해 에너지가 사용되면서 더 중요한 일인 '의미 있고 가치 있는 생각'이 좀처럼 나오지 않게 된다.

책, 상상의 세계가 현실이 되다

요즘은 책을 읽는다고 하면 최첨단 시대에 뒤처진 사람으로 취급받기 일쑤다. 최신 정보가 넘치는 스마트한 세상에서 책을 운운하는 것은 시대에 뒤떨어진다는 소리를 들을 때면 마음 한구석이 저미어 온다.

책의 활자를 통해 정보와 지식을 얻었던 예전과 비교하면 지금 우리는 상상을 초월하는 정보의 천국에서 살고 있다. 알 권리를 충족하고 지적 호기심을 채우는 측면에서는 지금이 유리하다고 하겠다. 어쩌면 우리는 여기서 멈추지 않고 더 많은 정보를 얻기 위해 지금보다 많은 에너지를 사용할 수도 있다.

그러나 무엇인가를 이해하는 것과 이해한 것을 삶의 지혜로 풀어내는 것은 차이가 있다. 단순한 지식적인 정보가 오히려 이해의 자리로 가는 길을 막는 장애 요소가 될 수 있다는 말이다.

우리 사회가 그렇다. 무분별한 정보의 남용이 오히려 사물을 정확하고 올바르게 이해하는 것을 막는다. 미디어에서 쏟아지는 정보의 홍수는 생각의 문을 열어 상상력과 창의력을 선물하지 않는다. 오히려 생각을 위축시킨다.

'책 한 권이 하나의 세계다'라고 한 어느 시인의 말처럼, 책에는 시간과 공간을 초월하여 다양한 세계를 경험할 수 있도록 하는 힘이 있다. 특히 호기심과 감수성이 최대로 발휘되는 어린 시절에 책을 가까이하는 문화를 전수하는 것은 부모가 자녀에게 주는 인생 최고의 선물 중 하나다.

가족,
넌 괜찮니?

그러나 우리의 현실은 정반대로 달려가고 있다. 갓 돌이 지난 아이들에게 스마트폰과 태블릿으로 각종 교육과 오락을 담은 프로그램을 보여 주면서 자연스럽게 미디어에 노출되도록 하고 있다. 책은 상상의 날개를 마음껏 펴 창의력이 활성화되도록 뇌 전체를 자극하지만, 미디어는 뇌를 부분적으로 자극할 뿐 활성화에 제한적이다.

자기 분야에서 큰 업적을 이뤄 세계적인 영향력을 준 사람들을 대상으로 성공을 이룬 에너지가 무엇인가 조사한 결과 어린 시절부터 책 읽기를 실천하였다는 공통점이 있다는 것이 이를 뒷받침하고 있다.

빌 게이츠는 일곱 살 때부터 책에 심취했을 뿐만 아니라 책 읽기가 곧 놀이이고 취미였다고 한다. 그는 성공 비결을 묻는 기자에게 '오늘의 나를 만든 것은 작은 도서관이었다'라고 했다.

아브라함 링컨 역시 책을 좋아한 것으로 유명하다. '책 속에 내가 알고자 하는 모든 것이 있다'라고 했으며, '내게 좋은 친구란 내게 좋은 책을 주는 사람이다'라고 할 정도로 책을 사랑했다.

독서는 상상력의 날개로 창의력이라는 세계의 길로 인도하는 안내자이다. 독서는 주어진 현실을 뛰어넘어 우주보다 크고 광활한 세상을 만나게 한다. 현실이 기성세대가 만들어 놓은 유한한 세상이라고 하면, 상상의 세계는 한계가 없는 말 그대로 '상상을 넘어선 세상'인 것이다.

책을 통해 상상력이 자극되면 미처 생각하지 못했던 아이디어가 떠오르게 되는데, 이것이 창의력의 기초가 된다. 상상력을 통해 창의력을 깨우는 것이야말로 미래를 준비하고, 새로운 세상을 창조하는 가장 중요한 일이다.

다양한 책 읽기가 불확실한 세상에 광명한 빛을 주는 아름다운 움직임으로 자리 잡게 되길 기도해 본다.

가족 토론방

질문 1: 연일 쏟아지는 정보의 홍수가 우리의 삶에 어떤 영향을 미치고 있는지 생각해 보자.

질문 2: 책을 읽을 때와 미디어를 통해 얻는 정보가 어떻게 다르며, 그 차이점은 무엇이라고 생각을 하는가?

질문 3: '독서는 상상력의 날개로 창의력이라는 세계의 길로 인도하는 안내자'라는 말에 대해 어떤 생각을 하게 되는가?

6
나까지 태우는 용광로, 화

'종로에서 뺨 맞고 한강에서 화풀이한다'라는 속담이 설명하고 있는 것처럼, 실제로 화풀이를 하는 곳과 원인을 제공한 발생지가 다른 경우가 많다. 그 이유가 무엇일까?

대개는 만만한 사람에게 화풀이를 하고, 상대적으로 약자에게 그 피해가 간다. 그래서 그런지는 몰라도 화의 홈그라운드는 가정이고, 그 대상은 힘없는 가족 중에 특히 자녀가 될 가능성이 크다.

"직장에서는 '미소 천사'로 통해요. 직원들에게는 더없이 좋은 사람이죠. 그러나 집에만 오면 '타락한 천사'가 됩니다. 매사 짜증에 까칠한 말투와 과격한 행동까지, 말로는 다 표현하기도 어려워요."

우리 주변에서 이런 말은 이제 일상이 되고 있어 안타깝다.

"우리 집에는 강력한 위력을 지닌 핵폭탄이 즐비하죠. 언제 터질지 모르는 화약고라고 할까요. 잔소리는 어느새 심한 욕설이 되고, 분노가 폭발하면 지옥으로 변합니다. 이제는 제가 어떤 괴물이 될지 무서워요."

집이 아니라 지옥이라고 표현하는 고1의 모습에서 우리의 창피한 민낯이 그대로 드러난다.

대한민국은 화를 자체 생산하여 수출하는 분노 공화국이다. 세계보
건기구에서도 화병을 대한민국 사회 문화에 강력하게 작용하는 질병
이라고 정의 내렸던 전례가 있다. 다시 말하면 화병은 우리나라의 특
수하고 아픈 역사의 DNA가 국민의 삶과 정서에 각인되어 있다는 점
이다.

화를 좀 더 구체적으로 알아보기 위해서는 뇌 과학적인 측면에서 접
근하는 것이 효과적이다.

우리의 뇌는 오감을 통해서 정보가 들어오면 전두엽에서 정보를 수
집하고 분석한다. 그리고 충동조절장치를 통해서 욕구를 적절하게 조
절해서 사람답게 말하고 행동하는 이성적인 인간이 되도록 한다.

뇌는 감정과 이성을 담당하는 기관과 역할이 서로 다르다. 감정은
변연계에 의해서 움직이고, 이성은 전두엽에 의해서 정보를 관리하고
충동을 조절하는 기능을 한다. 이 두 기관은 신경회로를 통해 서로 정
보를 주고받으며 밀접하게 기능을 조절해 간다.

평상시에는 이 두 기관이 유기적으로 기능하고 서로 균형을 이뤄, 감
정에도 문제가 없는 지극히 이성적인 사람이 된다.

그러나 이 평화가 한순간에 깨어지는 때가 발생한다. 감정 뇌인 변
연계가 극도로 활성화되어 폭발력을 지니면 그 에너지가 결국 전두엽
의 기능을 순간적으로 마비시킨다. 이성을 주관하던 관제센터의 기능
이 마비되면서 정보를 분석하여 '옳고 그른 것'과 '해야 할 것과 하면 안
되는 것' 등을 판단하던 기능이 순간적으로 마비되는 사태가 벌어진
다. 사람을 사람답게 조절하는 전두엽이, 극렬하게 화를 내면서 치고

올라오는 변연계의 에너지에 압도당해 이성적인 판단과 조절 기능 시스템이 작동을 멈추는 사태가 벌어지는 것이다.

변연계는 동물 뇌라고도 하는데 이는 본능에 충실한 기능 때문에 붙여진 이름이다. 변연계가 폭발력을 가지면 가질수록 이성 뇌인 전두엽은 그 기능이 순간적으로 떨어지기 때문에 사람답게 말하고 행동하는 것이 아니라 동물처럼 본능적으로 행동한다.

사람이 어떤 행동을 선택하고 실행에 옮길 때 전두엽이 정보를 수집하고 판단하여 명령을 내리면 이성적인 행동이 나온다. 하지만 변연계가 감정에 휩쓸려 폭발하면 마치 야성의 상징인 멧돼지가 출몰해 평온하던 마을을 난장판으로 만드는 것과 비슷한 상황이 벌어진다.

예를 들어 흡연과 폭음이 건강에 도움이 되지 않는다는 것을 판단하는 것은 이성 뇌이다.

이성 뇌인 전두엽이 활발하게 움직여 '이제부터라도 건강을 위해서 금연과 금주를 하겠다'라고 의지를 불태웠어도 담배를 피우고 술을 마시게 되는 것은 결국 감정 반응을 담당하는 변연계가 작동한 까닭이다.

'금연과 금주가 건강에 좋다'라고 이성 뇌가 판단해 종합적으로 전달해도, 감정 뇌가 활발하게 활동하는 스트레스 상황이 오면 습관적으로 술과 담배를 찾도록 변연계가 강력하게 작동한다. 이론적으로는 알고 있으면서도 실천하지 않아 실패하는 이유가 여기에 있다.

사회적 이슈로 떠오른 흡연의 경우에 담배를 끊어야 할 이유도 분명히 존재한다. 건강상의 문제로 폐암과 각종 질환의 원인이 되기도 하고 주변 사람에게 피해를 주기 때문이다. 아무리 주변에서 반대해도 '스트레스 해소에 도움이 된다' '다이어트에 효과적이다'라는 의미부여를 하는 순간 상황은 완전히 달라진다. 왜곡된 정보라고 아무리 강조해도 이미 자리 잡은 신념을 당할 수 없다. 신념이 강하게 작용하면, 금연이 주는 유익보다 흡연이 주는 쾌감이 더 자극적으로 다가오기 때문에 사람들은 벗어나기 어렵게 된다.

·

화날 때 일단은 멈춰라

·

'참을 인(忍) 셋이면 살인도 면한다'라는 속담이 말해 주듯 우리는 어릴 때부터 감정 표현을 억누르면서 최대한 참는 것을 미덕이라고 여겼다. 그래서 화가 나면 꾹 참으면서 마음 깊은 곳에 꼭꼭 숨긴다. 참았던 화가 밖으로 분출이 안 되고 쌓이면서 심각한 후유증이 일어나게 된다.

이렇게 감정 표현을 억누르면 감정회로의 민감성이 떨어져 화만 인식하지 못하는 것이 아니라 우울감과 같은 중요한 반응에 적절하게 대처하지 못하는 위기 상황에 노출된다.

화를 적절하게 관리하지 않고 대처하지 않으면 삶에 크고 작은 문제들이 발생한다. 전두엽의 기능 약화로 현실감과 판단력이 떨어지고, 감정의 기복이 심해 홧김에 폭행이나 이혼, 심지어는 살인까지 일어난다. 화는 더 큰 화를 부르기 때문에 화가 가라앉지 않은 상황에서는 어떤 행동도 하지 말고 그 자리를 피하는 것이 필요하다.

이처럼 화가 나는 것은 감정이 제대로 작동하고 있다는 증거이다. 살아 있는 사람이라면 누구나 감정 반응이 일어나는 것은 일반적이고 자연스러운 현상이다. 일반적이고 자연스러운 감정은 밖으로 표출되어도 크게 문제가 되지 않는다. 하지만 통제의 범위를 벗어나는 격렬한 감정은 주변 사람들에게 치명적인 후유증을 남긴다. 강력한 에너지를 동반하는 감정이 결국 행동으로 나타나기 때문이다.

격렬한 감정은 어느 정도 시간이 흐르면 김이 빠지고 이성이 제자리로 돌아와 합리적인 사고와 감정을 통제하는 기능이 나온다.

그렇다면 화가 폭발할 때 어떻게 대처하는 것이 효과적일까?

첫째, '일단 멈춤'이 중요하다.

화는 엄청난 에너지를 동반하기 때문에 주변 사람들에게 2차 피해를 준다. 화의 특성상 나보다 힘이 약하거나 사회적 서열이 낮은 사람에게 집중되는 경우가 많다. 가족 중에서도 자녀에게 폭력을 행사하며 위협하거나, 존재를 흔들어 놓을 정도의 심한 욕설은 심각한 후유증을 일으키는 경우가 많다. 자존감이 낮아 상처를 많이 받고, 대인관계의 한계로 주변에 사람이 없고, 우울감과 정서적 불안을 호소하는 등 사회생활에 어려움을 겪는다.

화가 격렬한 분노로 바뀔 정도가 될 때 '절대 넘으면 안 되는 선'이 필요하다.

'무슨 일이 있어도 화가 행동으로 나타나면 폭력은 쓰지 않는다.'

'화가 폭발할 때는 그 자리에서 벗어난다.'

자신과 주변 사람을 지키기 위해 안전선을 정해 놓고 철저하게 지키는 훈련을 하면 도움이 된다.

둘째, 화가 언제, 어떤 상황에서 폭발하는지 살핀다.

화난 감정이 어느 정도 풀리면 이성이 정상적으로 작동을 하면서 '후회'가 몰려오기 시작한다. 이성을 되찾으면 감정이 언제, 어떤 이유로 요동을 친 후에 분노로 변하는지 탐색이 필요하다. 다른 사람이 개입하는 것은 한계가 있어서 스스로 찾아 합리적인 해결책을 세워야 한다. 특정한 사람, 예를 들어 부모님에 의해 감정 반응이 자주 일어나는 경우에는 아직 해결되지 않은 과거의 정서적 문제가 없는지 살펴야 한다.

셋째, 인신공격은 금물이다.

화는 가까운 사람에게 내는 경우가 더 많다. 아무리 화가 나더라도 관계에 어려움이 되거나 상처를 주는 말이나 행동은 삼가는 것이 좋다. 상대방의 약점이나 인신공격으로 인격을 모독하거나 절대 건드려서는 안 되는 것을 무기 삼아 공격하면 안 된다.

화난 감정을 건강하게 해결하지 못해서 내 주변의 소중한 사람들이 등을 돌리는 치명적인 아픔을 겪지 않았으면 한다.

가족 토론방

질문 1: 화난 감정을 건강하게 해결하는 데 어려움이 있는 사회에서, 가족의 힘으로 해결하는 방법은 어떤 것이 있다고 생각하는가?

질문 2: 분노라는 감정이 올라올 때 어떻게 대처하고 있는지 알아보고, 갈등을 겪으며 느꼈던 복잡한 감정은 무엇인가?

질문 3: 화가 격렬한 분노가 되어 올라올 때, 절대 넘으면 안 되는 선을 정한다면 어떤 것이 있는지 나누어 보자.

가족,
넌 괜찮니?

7
정서와 감정 사이

✦━━━━━✦

몸은 정교한 시스템을 자랑한다. 몸이 아프거나 불편하면 자연스럽게 통증을 일으켜 적절한 조치를 하도록 신호를 보낸다. 통증은 내 몸의 시스템에 문제가 생겼으니 특별히 관리하여 해결해 달라는 사인인 셈이다. 이와 마찬가지로 정서를 담당하는 시스템이나 인지를 담당하는 시스템 역시 각종 문제가 발생하면 이것을 감지하여 특별 관리에 들어간다.

아프고 힘든 어린 시절을 보낸 아이는 성장하면서 삶에 불안과 걱정을 안고 사는 경우가 많다. 과거의 아픈 경험이 오늘의 삶의 현장에 부정적인 영향을 미친다는 것을 무의식은 알고 있기 때문이다. 부모님이 자주 싸우거나 갈등을 일으킨 가정에서 자란 아이는 정서가 불안해진다. 그래서 결혼 적령기가 되어도 건강한 결혼생활을 못 할 것이라는 불안감에 어려움을 겪는다.

자라면서 부모님의 폭력에 노출이 된 아이의 경우 또 다른 폭력의 가해를 입히거나, 피해의 굴레를 벗어나지 못하고 쉽게 폭력에 노출되는 고통스러운 삶을 살아간다.

불행했던 어린 시절이 과거의 상처로만 남는 것도 고통인데, 몸과 마음에 그대로 각인되어 현재의 삶에 부정적으로 영향을 준다. 이렇게 아픈 기억을 떠올리며 과거에 사로잡히면 부정적인 감정이 삶 전체에 어두운 그림자를 몰고 온다.

이것은 뇌에서 기억을 담당하는 해마와 감정을 관리하는 변연계가 서로 이웃사촌으로 긴밀하게 영향을 주고받기 때문에 나타나는 현상이기도 하다. 그래서 정서가 어둡고 불안하면 슬프고 아픈 사건이 기억이 나고, 짜증이 나고 분노를 일으킬 때면 과거의 기억이 영향을 주어 억울하고 분한 일만 떠올리게 되는 것이다. 아픈 과거와 나쁜 기억으로 인해서 현재가 우울한 것이 아니다. 어둡고 우울한 정서가 잠자고 있는 아픈 기억을 다시 깨워 지금 우울한 감정과 힘들다는 느낌에 잠기도록 하는 것이다.

·

정서 놀이

·

정서는 사람의 마음에서 일어나는 사고와 여러 가지 감정을 포함한 것이다. 우리의 생존력을 높이기 위해 마음속에서 일어나는 인간 심리의 중요한 부분이다. 감정이 부분적이라면 정서는 종합적으로 언제나 정서 속에 감정이 자리 잡고 있다.

정서는 자아정체성과 긴밀한 관계이기 때문에 한 사람의 인격을 대신할 정도로 큰 의미를 지닌다. 삶의 가치관과 만족 등 인생 전반의 행복한 삶에 직접 영향을 주는 핵심 재료이다. 따라서 부모가 자녀를 양육할 때 각별한 주의가 요구된다.

거의 모든 사람이 삶의 목적을 행복한 삶이라고 할 정도로 중요한 것이라고 인식하면서, 행복 욕구를 조절하는 에너지인 정서는 대수롭지 않게 여긴다.

부모는 자신이 형성한 정서를 따라 자녀를 양육한다. 미성년이라는 이름표를 떼는 20년이란 세월 동안 보호자로 자녀의 삶에 주도적으로 관여한다는 점에서 부모의 정서는 자녀의 인생에 적잖은 영향을 미치게 된다. 다른 동물의 세계에서는 찾아보기 어려운 특수한 관계이다.

좀 더 자세히 말하면 정서는 집안의 '독특한 분위기'라고 할 수 있다. 부모는 아이가 느끼는 초기감정을 언제든지 표현하도록 용기를 북돋워 주는 것이 중요하다. 처음 대하는 세상을 보며 호기심 천국은 기본인데, 엄격한 부모들은 감정 반응을 억누른 채 이치에 맞게 설명해 주는 일에 에너지를 쏟는다.

아이가 호기심을 갖고 감정을 표현하면 감정 반응을 아예 억누르면서 혼을 내거나 경고를 한다. 호기심은 나를 세워 가는 중요한 재료인데, 자극이 왔을 때 충분히 느끼지 않으면 또 다른 호기심이 발동하지 않게 된다.

호기심은 아이가 새로운 자극을 마음껏 느끼고, 어떤 자극인지 스스로 이름을 짓기도 하고 의미를 부여하는 과정을 거쳐 언어로 표현될 때 비로소 완성된다. 그러나 부모들은 아이를 느긋하게 기다려 주지 않는다. 느끼기도 전에 먼저 이치에 맞게 분명하고 확신에 찬 어조로 판단해 준다. 주변은 온통 감정 자극으로 넘쳐나 호기심 천국인데, 부모는 감정 반응을 보이지 않고, 아이가 자극마저 아예 느끼지 못하도록 너무 빨리 개입을 한다.

사람의 성격은 가변적이다. 가변성은 일정한 조건에서 변하는 성질을 의미한다. 유전적으로 부모에게 받은 그릇이 작더라도 문제가 전혀 없다. 정서적 환경을 밝고 아름답게 하면 얼마든지 크고 새로운 그릇으로 만들 수 있기 때문이다.

오랜만에 만난 친구들과 마음껏 떠들고 싶은 욕구는 아이들이라면 누구에게나 있다. 그러나 부모는 같은 상황에서 다른 결정을 내린다.

"떠들면 안 돼! 조용히 해! 예의를 지켜야지!"

맞는 말이다. 그러나 아이들 입장도 고려해야 한다. 상황에 좀 더 현명하게 대처해야 하는 이유가 여기에 있다.

신나게 놀고 있는 아이들에게 왜 그래야 하는지 설명해 주고 아이들을 설득시켜야 한다. 신나게 놀고 싶은 아이들은 소리도 지르고 싶고, 이리저리 뛰어다니면서 놀고 싶은 욕구로 가득 차 있다. 이것은 자연스러운 몸의 반응으로, 물리적으로 통제하거나 억압하는 것은 아이들의 건강한 기능을 마비시키는 것과 같다.

이와 같은 상황이 되면 부모는 혼란에 빠진다. 아이들을 통제해야 하는지 아니면 허용을 해야 하는지 말이다. 안타깝게도 우리 부모들은 아이들이 발산하는 자연스러운 감정 반응을 있는 그대로 인정해 주고 용기를 북돋워 주기보다는 물리적으로 억제하는 쪽을 선호하고 있다.

재미있게 놀고 있는 아이들 편에서 보면 '조용히 해, 떠들지 마'라는 말은 황당하게 들린다. 상황에 대한 정당한 이유를 알아야 아이들도 마음에서 내려놓고 포기를 한다. 왜 그래야 하는지 이해가 되면 마음에 불편감이 쌓이지 않으면서 정서적 상처가 아닌 정서 놀이로 기억된다.

"너희들 오랜만에 신나게 노는구나!"

아이들의 욕구와 감정을 충분히 인정해 주어야 한다. 그리고 난 다음에 현재 상황을 설명해도 늦지 않다.

"여기는 큰 소리로 떠들면 다른 사람들에게 피해를 주게 돼. 조금 후에 밖에 나가서 맘껏 소리치며 놀자."

아이들의 감정 반응은 몸의 반응과 연결되어 있다. 아이들의 감정을 읽어 주고 공감하면서 반응해 주면 몸에서 일어났던 놀고 싶은 반응도 수긍하게 된다. 놀고 싶다는 몸의 반응도 크지만, '다른 사람을 고려해서 행동해야 한다'라는 메시지가 이해가 되면 정서적으로 안정되면서 큰 혼란을 피할 수 있게 된다.

감정 놀이

우리가 일상생활에서 '느낌으로 다가오는 모든 것'을 감정이라고 한다.

이 느낌이라는 감정은 생명의 태동부터 생명을 다하는 날까지 쉬지 않고 계속된다. 갓난아이가 눈치가 빠른 이유는 상황에 대처하기 위한 것으로 살아남으려는 방어기제다. 모든 감각을 총동원해 시스템을 작동시키는 것은 인지적 계산이 아닌 생명을 지키기 위한 순수한 감정 시스템이 작동한 까닭이다.

태중에 있을 때 정서적 안정이 된 아이는 태어난 후 어머니 가슴과 품에서부터 조금씩 분리를 경험하게 된다. 세상 밖에 펼쳐진 또 다른 세상도 안전할 것이라는 믿음이 호기심을 유발하는 것이다.

이 시기에 부모는 아이에게 경험되는 세상의 일들 하나하나가 신비롭고 재미있게 느껴지도록 하는 일이 정말 중요하다. 아이는 늘 새롭고 재미있는 놀이를 경험하고 있는데, 엄마와 아빠는 못마땅한 표정을 짓거나 무관심으로 일관하면 아이는 위축되어 호기심 여행을 하지 않는다.

세상이 재미있는 놀이터라는 느낌은 세상을 건강하게 살아가는 원동력이 된다. 아이가 경험하는 하나하나가 신비롭고 재미있게 느껴지도록 하는 일이 중요한 이유다. 누구를 만나고 어떤 일과 문제 상황을 만나도, 안정감 있게 부모와 상호작용했던 에너지가 자연스럽게 발휘된다. 이렇게 부모와 감정 놀이를 통해 안정 애착을 경험한 아이는 다른 사람과의 감정 교류에 어려움이 없다. 다른 사람의 감정에 충분히 반응하고 공감하기 때문에 성격이나 성품이 부드러울 수밖에 없고, 이러한 유연한 성격은 대인관계와 사회성을 넓히는 능력으로 작용한다.

감정은 몸으로 표현되는 신호등이다. 우리의 몸 상태를 알려 주는 신호이기 때문에 이 신호가 지금 나에게 무엇을 요구하고 있는지 정확히 알아야 한다. 신호를 무시하거나 억제해서도 안 되고 겁부터 내면서 회피해서도 안 된다. 마음으로 분석한 후에 어떻게 표현하고 대처할 것인지 사인이 필요하다. 신호등은 서로의 신뢰를 바탕으로 신호가 보내는 내용에 맞춰 함께 행동하는 지침서이기 때문이다.

한 사람의 성품을 나무로 설명해 보자.

첫째, '정서'는 나무의 뿌리다. 가장 기본이기 때문에 존재 자체인 '본질'이라 할 수 있다. 본질은 전체를 상징하기 때문에, 그림으로 본다면 밑그림이라 할 수 있다. 정서는 처음 태어나 양육한 부모님(특히 어머니)의 영향을 가장 많이 받게 된다. 어머니의 인지와 정서는 물론이고 말투와 생활방식, 가치관에 이르기까지 닮아 있다. 마치 본을 떠 만든 그릇처럼 말이다. 그래서 부모는 자녀를 향해 끝도 없는 잔소리를 한다. 부모가 만들어 놓은 틀에 조금이라도 맞지 않으면 요구사항은 예리한 칼처럼 아이들의 삶에 파고들어 생채기를 낸다.

부모들은 한결같은 마음으로 다짐을 한다. '오늘은 소리치거나 잔소리를 하지 말자'라고 말이다. 그러나 자녀를 대하는 순간, 마음의 다짐은 흔적도 없이 사라지고 폭풍 잔소리를 쏟아 낸다.

사람은 동기가 부여되면 스스로 움직이게 되어 있다. 폭풍 잔소리는 억지로 행동하게 할 수 있으나 마음을 움직이지는 못하기 때문에 얼마 후 동력은 사라지고 상처만 남게 된다.

둘째, '감정'은 나무의 잎과 줄기이다. 감정은 어머니 품속에 있을 때부터 활성화된다. 캄캄하고 어두운 배 속에서 태아가 원초적인 힘을 발휘할 수 있는 것이 '엄마의 정서 느끼기'라는 사실은 우리에게 시사하는 바가 크다. 다시 말해 엄마의 정서는 엄마 한 사람으로 끝나는 것이 아니라 아이의 정서와 감정에도 직접적인 영향을 준다.

'인성'의 출발이 바로 여기부터다. 많은 부모가 인성교육에 관심이 많다. 태중에 있을 때 건강한 정서를 물려주면 좋은데, 시기를 놓쳤으니 지금이라도 기회가 없겠느냐는 뜻이다. 이런 말이 있다.

"지금이 가장 빠른 시기다."

어린 나무일수록 옮겨심기가 수월하다. 그러나 묘목이 점점 자라 뿌리를 내리면 옮겨심기가 쉽지 않듯이, 인성을 건강하게 세우려면 인생의 뿌리가 내리지 않은 어린 시절에 하는 것이 효과적이다.

질문 1: 감정을 있는 그대로 표현하는 것에 대해서 어떤 생각을 하고 있고, 그렇게 생각한 근거는 무엇인가?

질문 2: 정서가 메마르거나 충분하게 느끼지 못하면 삶에 어떤 어려움이 있는지, 예상되는 문제점과 해결방법은 무엇이라고 생각하는가?

질문 3: 아무리 좋은 내용의 말이라도 감정이 실리면 '잔소리'가 되어 마음의 상처가 되는 이유를 자유롭게 이야기 나눌 수 있다.

2부

부모교실

1
삶을 불행하게 하는 지름길, 비교하기

◆━━━━━━━━━◆

물속의 물고기가 물이 싫어 목말라 하고 나무가 흙이 싫어 뿌리를 허공에 내리고 싶어 한다면 세상이 웃을 일이다. 물고기는 물속에 있을 때 의미가 있고 나무는 뿌리를 흙 속에 내리고 있을 때 가치가 있다. 이처럼 이 세상의 모든 것은 그 존재에 어울리는 자리와 이름을 가지고 있다.

사람도 이와 같다. 나는 누구이며 어떤 존재적 가치를 가지고 어떤 삶을 살아야 하는지에 대한 내용이 있어야 한다. 이것을 '건강한 자아상' 또는 '정체성'이라고도 하는데 이러한 자아상은 가족공동체의 부모로부터 시작되기 때문에 중요한 의미를 지닌다.

건강한 자아상을 가진 사람은 주변 환경이나 상황에 굴복하는 일이 거의 없다. 세상에 대해 당당하고 자신에 대한 확신이 넘친다. 그러나 미성숙한 자아상은 사물과 문제를 있는 그대로 이해하지 못하고 부분적으로 일부만 알게 되면서 크고 작은 혼란과 오류들이 발생한다.

특히 '비교하기'는 우리의 삶 전체를 불행으로 이끄는 강력한 폭발력이 있어 조심하지 않으면 안 된다.

인간관계에서 일어나는 크고 작은 모든 갈등도 그렇고 지구촌 곳곳에서 일어나는 테러와 전쟁 또한 예외는 아니다. 대부분 갈등과 불행은 명분이 없는 사소한 일에서 시작되고 반복된다. 대체로 서로 다른 것을 있는 그대로 인정해 주지 않거나 틀리고 나쁜 것으로 규정하는

가족,
넌 괜찮니?

태도가 관계를 불편하게 만든다.

인간은 생김새와 피부색, 언어와 종교, 생각이나 사상 등 모든 것이 서로 다른데 이런 다름이 조화를 이룰 때 아름다움이 된다. 자연이 아름다움으로 가득한 이유는 총천연색으로 물들인 식물들이 서로 조화를 이루고 있기 때문이다. 만약 아름다운 꽃이 한 가지 색을 가지고 있다면 지금처럼 아름답게 사랑을 받을까? 식물이 가지는 고유한 색들이 저마다 조화를 이룰 때 아름다움은 더 빛나는 것이다.

차이와 차별

서로의 차이를 인정하고 너와 내가 서로 다르다는 사실을 객관적으로 존중하는 문화가 정착되어야 한다. 이에 반해 서로 다른 차이를 문제 삼아 합리적인 근거 없이 부당하게 대우하면서 차별하는 것은 한 사람의 인격을 짓밟고 아프게 하는 것이다.

우리나라도 인권이 많이 향상되어 차별이 많이 사라졌다고는 하지만 아직도 사회 곳곳에 차별로 인한 부작용이 일어나고 있는 현실은 우려가 된다.

유명대학을 졸업하고 중견기업에서 근무하는 30대 후반의 직장인에 관한 이야기다.

젊은 나이에 능력을 인정받아 지금의 자리에 올랐지만, 직장에서의 스트레스로 인해 이직을 심각하게 고려하고 있다며 상담을 요청해 왔다. 야근과 출장이 다른 직종과 비교해 많은 것도 견딜 수 있고, 일이 어렵고 힘든 것도 참을 수 있었다. 그러나 회사의 매출이 급감하면서 지나치게 경쟁을 부추기고 서로를 감시하는 분위기가 괴롭다고 했다. 인격을 모독하면서 대놓고 비교를 하거나 열등감을 자극하는 횡포가 견딜 수 없이 끔찍하고 울화가 치민다는 것이다.

대개 이와 같은 심리적 맥락에는 가정환경도 영향을 준다. 앞에서 소개한 사례자도 부모로부터 비교를 당하며 성장했다고 한다. 공부를 잘해서 언제나 상위권에 있었던 누나와 늘 비교를 당하며 상처를 받았다고 한다.

"누나는 저렇게 공부를 잘하는데, 너는 누굴 닮아서~ 쯧쯧."

이렇게 형제자매 간에 비교하는 것은 절대로 피해야 한다. 자녀를 상대로 명석한 머리나 재능을 비교한다고 해서 성적이 오르지 않고 없던 소질이 갑자기 생기지 않는다. 비교는 하면 할수록 깊은 상처만 남긴다.

많은 부모가 이런 말을 많이 한다.

"그나마 싫은 소리를 하니까 이 정도 하는 거죠. 공부해서 남 주는 것도 아닌데. 아휴~ 말해서 뭐해요. 내 속만 터지지."

아이들은 부모의 이런 반응을 싫어한다. 싫어하는 정도가 아니라 질색을 한다.

"넌 잔소리를 하고 입 아프게 떠들어야 조금 하더라. 네가 알아서 하면 안 되니?"

부모는 이를 충고라고 하지만 아이에게는 심각한 공격이자 비난이 된다.

"다 널 위해서야! 너 잘되라고~ 내가 뭐 틀린 말 했니?"

그렇다. 굳이 따지자면 틀린 말은 아니다. 부모가 자식을 생각하는 마음이야 변함이 없다. 그러나 아무리 좋은 말이라도 '잔소리'가 되어 자녀를 공격한다. 자녀의 미래를 생각하고 걱정하는 말이라도, 짜증이 섞인 말투와 태도로 말하게 되면 오히려 독이 된다. 누구나 진심 어린 배려가 없는 옳은 말은, 감동을 선물하는 것이 아니라 마음의 불편을 일으킨다.

공부도 놀이처럼 집중해서 재밌게 할 수 있으면 이보다 더 좋을 수는 없다. 하지만 공부만 하는 기계도 아닌데 마침 좀 쉬고 있을 때 여지없이 공부하라고 다그치니까 너무 싫고 짜증이 난다. 정말 공부가 싫다기보다는 사람보다 공부를 강요하는 부모의 태도에 화가 난다. 신체 리듬에 따라 휴식과 집중이 보장되지 않는 환경에서의 공부는 스트레스와 반항심만 키우는 독이나 다름없다.

차라리 '스트레스가 풀릴 만큼 재밌게 놀고 집중해서 공부하자'라고 말하는 편이 훨씬 더 효과적이다. 사람은 아무리 힘들고 어려운 상황이라도 긍정적으로 바라보면 스스로 극복하는 힘을 발휘하게 된다. 공부도 알아서 하게 하려면 스스로 페이스를 조절하도록 기회를 주어야 한다.

책을 읽는 건강한 습관이나 집중력을 갖고 공부하는 태도는 주변의 간섭이나 잔소리로 되는 것이 아니다.

본인 스스로 책을 좋아하고 공부에 흥미를 갖는 긍정적 에너지가 필요한 것이다.

거부하고 저항하게 만드는 잔소리를 '사랑'이라는 이름으로 포장하면 안 된다. 좀 강하게 몰아붙이면 아이가 자극을 받아서 잘하게 된다고 생각하지만 실제로는 그 반대의 결과가 나타난다.

잔소리하면서 야단을 치거나 핀잔을 주면 원하는 대로 되는 것 같은 착각을 하지만 자녀의 행동이 변하거나 개선되는 일은 거의 없다. 오히려 부정적인 자극을 강화하여 서로의 관계만 나빠진다.

부모가 자녀에게 도움을 주고자 한다면 자녀의 의사를 먼저 묻는 자세가 중요하다. 자녀의 의사가 반영되지 않은 부모의 뜻과 계획은 두 사람의 관계에 치명적이다. 자녀의 의견이 충분히 전달되지 않은 상황에서 섣불리 어떤 대안을 제시한다면 충돌밖에 더 일어나겠는가?

여기에 한 가지 더하면, 충분한 시간적 여유를 준 후에 스스로 선택하도록 기다려 주는 것이 필요하다. 느긋하게 기다리면서 응원하면 좋은데 부모는 자녀가 잘되었으면 하는 바람에 조급하게 결과가 나타나기를 원한다. 자녀에 대한 기대가 크거나 결과에 우선순위를 둘 때 그리고 자녀에 대한 신뢰가 약할 때 이런 현상이 나타나기 때문에 점검이 필요하다.

다른 사람과 비교하는 잘못된 습관 하나가 가장 소중한 관계를 불편하고 원망스러운 관계로 만들 수 있음을 알아야 한다. 사람은 태어나는 순간부터 유일한 존재로서 자기다운 삶을 살아갈 권리를 가진다. 비교는 이러한 개인의 권리를 심각하게 침해하는 비인격적인 행위이다.

누군가와 비교를 당하는 순간 '나'라는 존재는 사라지거나 가치가 없는 사람 취급을 받게 된다. 이 세상에 존재하는 모든 사람은 사람다움을 경험하고 자기답게 살아야 한다. 이를 위해 비교하기는 단호하게 멈추어야 한다.

가족 토론방

질문 1: 너와 내가 서로 다르다는 것을 인정하고 존중하려면 필요한 요소는 무엇이 있다고 생각하는가?

질문 2: 다문화 사회에서 외모나 피부색 등, 겉으로 드러나는 것을 가지고 비교하면 사회적 혼란을 불러온다. 다름을 인정하고 이해와 배려를 위해 필요한 요소는 무엇인지 이야기해 본다.

질문 3: 자기 존재에 대해 가지는 생각을 자아상이라고 하며, 건강한 자아상은 정체성을 세우는 데 중요한 재료이다. 자아상이 부모님의 영향을 받는 이유는 무엇인지 나누어 보자.

2
과감하게 버려라! 그러면 산다!

◆━━━━━━━━━━━◆

　동물의 세계도 생존 본능에 의해 질서가 유지된다. 자기가 속한 무리에 침입자가 나타나면 본능적으로 공격 행동을 보인다. 이것은 무리와 종족을 보호하기 위한 수단으로 '텃세'라고 한다.

　사람도 이와 같다. 자신을 지키기 위한 안전한 공간 확보가 무엇보다 중요하며 이 공간이 침해를 받으면 반사적인 행동이 나오거나 불쾌감을 드러낸다.

　우리가 즐겨 이용하는 지하철을 예로 들어 설명해 보자.

　자리가 넉넉한 상황에서 낯선 사람이 바로 옆자리에 앉는 상황과 바로 옆자리 외에는 빈자리가 없을 때 심적 부담은 다르게 작용한다. 남은 자리도 많은 상황에서 굳이 자신의 옆자리에 앉게 되면, '아니, 이 사람은 다른 자리도 많은데 굳이 왜 내 옆에 앉는 거야'라며 불쾌한 마음이 든다. 그러나 빈자리가 단 하나밖에 없을 때는 낯선 사람이라도 자신의 옆에 앉는 것을 당연한 상황으로 여기게 된다.

　이처럼 사람은 다른 사람과 적당한 거리를 유지하며 부담을 느끼거나 방해를 받지 않기를 원한다.

　그렇다. 사람은 사회적 존재이면서 독립된 인격체를 가졌기 때문에 성장하면서 부모로부터 분리되기를 원한다. 이것을 분화라고 한다.

　성인이 된 자녀: "도대체 왜 늘 반대만 하시는 거죠? 저도 이제 어른

가족,
넌 괜찮니?

인데 제 의사를 존중해 주시면 안 되나요?"

통제하려는 부모: "우리가 왜 이러는지 모르겠어? 다 너 잘되라고 그러는 거야. 왜 이런 부모 마음을 몰라."

성인이 된 자녀: "어린애도 아닌데, 이제는 저를 좀 놔 주세요."

통제하려는 부모: "네가 잘못된 선택을 하려고 하는데 어떻게 부모가 돼서 가만히 보고만 있겠어. 다 널 사랑하기 때문이야."

자녀의 필요를 부모가 채워 주는 것은 당연한 일이다. 위험으로부터 자녀를 지키며 보호하는 것을 누가 뭐라고 하겠는가? 그러나 자녀가 무엇인가를 고민하며 결정하고 해 보려고 할 때 '너는 왜 그렇게 힘든 일을 하려고 하니. 내 말 들어서 절대 손해 보지 않아' '네가 뭐가 부족해서 그런 일을 해. 우리 체면도 생각해 줘야지'라는 반응을 한다면 얘기는 달라진다.

10살 초등학생도 아니고 다 큰 청년에게 일일이 간섭하고 참견하면 심각한 갈등이 끊이질 않는다. 이는 사랑이 아니라 집착이고, 상황에 따라서는 폭력이 될 수 있다.

"다 너를 위해서 그런 거야."

"네가 잘되면 되는 거야. 그거면 충분하지."

"그만큼 우리가 널 사랑해서 그래."

이런 심리는 자녀와 상관없이 부모의 결핍과 지나친 기대감에서 드러난다. 자녀를 소유물로 인식하고 마음대로 통제할 수 있어야 한다는 불안과 보상심리가 작용하는 것이다. 자녀가 통제권을 벗어나려고 하면 부모의 권위를 잃어버린 것같이 느껴지고 그런 상황이 덜컥 겁이 나는 것이다. 그래서 그럴듯한 명분으로 자녀에게 영향력을 행사하고 싶어 한다.

수시로 '그만큼 널 사랑하기 때문이야'라는 말을 하면서 말이다.

청소년기가 지났음에도 계속해서 간섭을 받으며 과보호에 노출된 자녀는 '성인 아이'가 될 가능성이 크다. 몸은 다 자라서 어른이 되었어도 독립적인 생활이 불가능해서 매사에 부모에게 의존성을 보인다.

사람의 본질은 독립하려는 욕구가 강한 존재다. 갓난아기만 봐도 그렇다. 출생 후 영아기 때부터 스스로 움직이면서 경험하기를 시작한다. 본능에 따라 자기의 역량에 맞게 스스로 조절하면서 일찍부터 자립을 준비하게 된다.

이렇게 독립심이 강한 자녀인데 '엄마가 해 줄게. 넌 가만히 있어'라고 과잉보호를 하게 되면 자기다운 삶을 살지 못하는 어른으로 살게 된다.

독립심은 크고 거창한 것이 아니다. 작고 사소한 일을 스스로 하면서 실패와 성취를 맛볼 때 주어지는 선물이다. 조금 서툴고 부족하더라도 부모가 곁에서 지켜보며 믿음으로 기다려 준다면 누구나 성숙한 어른의 삶을 살 수 있다.

독립심을 가진 자녀로 키우기 위해서는 몇 가지 실천하는 노력이 필요하다.

첫째, 규칙을 정하고 지키지 않으면 책임을 지도록 한다.

'상대방이 어떻게 생각하더라도 나는 내가 하고 싶은 대로 한다'라고 하는 것은 독립이 아니다. 진정한 독립은 나와 네가 모두 자유로우면서 상대방에게 불편을 주지 않는 것이다. 내가 하고 싶은 대로 고집하는 것이 아니라, 작은 규칙을 세워 함께 지키면서 경험을 갖는 것이 중요하다. 어른이 되면 주어지는 자유에는 책임과 의무도 함께 따른다는 것을 마음 깊이 새겨야 한다.

둘째, 집안의 작은 일을 믿고 맡겨라.

성취감은 작은 에너지가 아니다. 부모가 믿고 맡긴 일을 누구의 도움 없이 스스로 해냈다는 것은 큰 사건일 수밖에 없다. 특히 사춘기 이전에 이런 경험이 많으면 자존감을 높이는 데 매우 효과적이다.

셋째, 자녀의 의견을 존중하라.

대인관계 능력은 모든 사람에게 가장 필요한 것인데, 어린 시절에 부모가 자신의 말에 얼마나 귀 기울여 주었느냐에 따라 달라진다. 자기 생각과 의견을 있는 그대로 솔직하게 표현하면서 대화하는 분위기라면 최상이다. 부모의 의견과 다른 경우라도 자녀의 의견을 존중하는 태도는 자녀의 건강한 정서와 사회성 발달에 많은 도움이 된다.

·

적당한 거리를 두자

·

자녀를 진정으로 사랑한다면 적당한 거리를 두자. 사람은 사회적 동물이면서도 적당한 거리를 두는 나만의 공간이 필요하다. 가족 간에도 지켜야 할 것을 가볍게 여기면 관계에 도움이 안 된다. 평소의 친밀감이 상대방의 권리를 침해하고 경시하는 결과로 이어지기 때문이다. 허락도 없이 폰을 사용하거나 이메일을 열어 보고 노크하지 않고 방문을 여는 등의 행위는 친밀한 관계가 아니라 권리를 침해하는 것이다.

동물의 세계도 사람과 비슷하다. 어미와 새끼가 한 무리를 지어 생활하다가 새끼가 어느 정도 성장하면 독립을 준비한다. 어미 품에 있을 때는 온몸으로 새끼를 지키다가도 분리해야 되는 시점이 되면 혹독한 훈련을 시킨다. 성체가 되면 야생에서 스스로 생존하는 것이 자연의 이치이기 때문이다.

독수리의 새끼 사랑은 훈련에서 더욱 빛난다. 독수리는 하늘의 최상위 포식자답게 새끼를 벼랑에서 떨어뜨리는 훈련을 통해 하늘의 제왕으로 살아가도록 훈련한다. 이것이 독수리의 훈련법이다. 하늘의 제왕으로 독수리답게 살아남기 위해 본능적으로 혹독하게 훈련하기 때문에 새끼는 의연하게 이 과정을 견뎌낸다.

이제는 부모의 품에서 자녀를 풀어놓아 자유를 주어야 한다. 품에서 자녀를 놓을 때다. 과감한 행동이 오히려 자녀를 살리는 길이다. 더 이상 과잉보호하며 지나치게 간섭하는 것은 험한 세상과 맞서 싸우지 말고 그냥 포기하며 살라는 것과 다를 바가 없다.

'내일은 준비된 자의 것이다'라는 말처럼 자녀가 스스로 내일을 준비하도록 적당한 거리를 두고 격려하고 지지하는 성숙한 부모가 자녀를 성장하게 한다.

질문 1: 건강한 독립이란 무엇이고, 독립을 가로막는 요소가 있다면 어떻게 해결하는 것이 옳은 것인지 생각해 본다.

질문 2: 가족과 지켜야 하는 적당한 거리를 삶에 적용했을 때 나타나는 효과와 문제점은 무엇이며, 그렇게 생각한 근거는 무엇인가?

질문 3: '성인 아이'는 몸은 다 자라서 어른이 되었어도 역기능 가정에서 왜곡된 환경과 상처로 인해 아이 상태를 벗어나지 못해 부모에게 의존하는 경향을 말한다. 우리 사회는 독립에 적극적인 환경을 가지고 있는가?

3
사람은 믿음을 먹고 산다

◆—————————◆—————————◆

사람은 관계를 떠나 살 수 없는 존재다. 누구와 어떻게 인간관계를 맺고 사느냐에 따라 삶의 질과 내용이 달라진다. 그중에서도 '가족'은 인간관계의 중심이라고 할 정도로 많은 영향을 준다.

우리는 가족체계 안에서 세상을 어떤 렌즈로 바라봐야 하는지 경험할 수 있다. 이런 경험을 바탕으로 나는 누구인가를 알아가게 된다. 그리고 세상과 어떻게 상호작용하며 살아야 하는지 배우게 된다.

생후 몇 개월이 채 안 된 갓난아기와 엄마의 관계를 보면 쉽게 이해가 된다. 생후 3주 정도가 되면 엄마들은 아기의 생체리듬을 어느 정도 파악한다. 울음소리에서 배가 고픈지, 기저귀 때문인지를 알 수 있고, 작은 몸짓과 표정으로 원하는 것이 무엇인지 파악한다. 늘 옆에서 보살피고 애정 어린 눈길과 손길로 보살피는 사이에 아기는 부모에 대한 깊은 믿음을 갖게 된다.

이렇게 쌓인 신뢰가 평생 지속되면 얼마나 좋을까? 신뢰가 성격처럼 자리 잡으려면 오랜 시간 경험과 연습이 필요하다. 그래서 부모가 교사가 되어 신뢰를 가르치고 배우도록 해야 한다.

가족,
넌 괜찮니?

괜찮아! 실수는 누구나 한단다

처음 걸음마를 하는 아이는 엄마와 아빠를 쳐다보면서 계속해서 묻는다. '이렇게 하면 되는 거죠?', '내가 지금 잘하고 있는 거죠?' 그러면 부모는 무한한 신뢰를 보내야 한다. '그래. 잘하고 있어. 엄마만 믿고 계속해서 걸어. 괜찮아'라고 말이다. 이 시기에 형성된 엄마와의 신뢰는 앞으로 펼쳐질 인간관계에 많은 영향을 준다.

그런데 부모들은 아이와의 신뢰 관계가 추후에 어느 정도 영향을 미치는지는 별 관심이 없다. 자기 자신을 믿고 신뢰하느냐 그렇지 않으면 따라가느냐에 따라 사회생활 적응과 자신감의 강도가 다르다. 인간관계에서도 만족감이 높아 삶의 질은 자연적으로 올라간다.

이렇게 자신에 대해 신뢰가 쌓이고 자존감이 올라가려면 부모가 믿음과 사랑을 듬뿍 주어야 한다.

'쉽게 해결할 수 있는 문제는 아니지만 난 네가 이 문제를 충분히 해결할 수 있다고 믿는단다.' '실수는 누구나 한단다. 너라면 좋은 방법을 찾아낼 수 있을 거야'라는 격려는 단순한 말로 끝나지 않는다. 어떤 경우에는 삶에 변화를 주기도 하고 기적과도 같은 결과를 만들어 낸다. 이처럼 진심 어린 부모의 격려는 자녀를 깨우는 놀라운 힘이 있다.

이와 반대로 부모와의 신뢰가 깨지면 자녀는 자기가 사랑을 받을 만한 가치가 없다고 믿게 된다. '엄마가 나를 사랑한다면 나를 이렇게 대하지 않을 거야. 나는 사랑받을 만한 가치가 없는 것이 분명해'라고 말이다. 불신이 가져온 결과다. 단순하게 신뢰가 깨진 것이 아니라 자기 스스로 사랑받지 못하는 존재라고 믿는 것이 가장 큰 문제이다.

이런 환경에 노출되면 위험한 세상에 믿을 사람은 나 혼자라고 생각하기 때문에 주변 사람들을 불신하게 된다. 세상 모든 사람이 자신을 배신하고 상처를 줄 것 같은 두려움 때문이다. 자기에게 호감으로 다가오는 사람도 의심하는 까닭에 결국 주변에 사람이 머물지 못한다. '내 곁에는 아무도 없어' '결국 나는 아무것도 할 수 없는 무능한 사람이 되고 말 거야'라는 생각에 사로잡히게 된다.

어린 자녀를 둔 젊은 부부 이야기다.

아내의 우울감이 부부관계뿐만 아니라 어린 자녀를 양육하는 데 부정적 영향을 주고 있다며 상담센터를 찾아왔다. 그녀는 남편이 가정적인 편이라 잘해 준다고 하면서도 쉽게 상처를 받아 괴롭다고 했다. 그럴 때마다 남편에 대한 배신감이 든다고 했다. '역시 나는 사랑받을 수 없는 존재구나'라는 부정적인 생각에 사로잡혀 다툼과 갈등의 악순환이 계속되는 상황이었다. 문제는 여기서 그치지 않았다. 힘들고 불행한 원인을 아무 잘못이 없는 자녀 탓으로 돌리면서 원망하고 미워하는 모습에 큰 충격을 받았다고 했다.

이처럼 작고 사소한 문제가 현실을 불행하게 만들고 계속 반복되는 것은 어린 시절에서 그 원인을 찾을 수 있다.

그녀의 부모는 경제 문제로 잦은 다툼과 불화가 있었다고 한다. 항상 바쁜 생활 때문에 자녀를 제대로 돌보지 못했다. 만족스럽게 돌봄을 받지 못한 그녀는 일상적으로 불안과 두려움을 느끼게 되었고 자신의 존재에 대해서도 부정적인 마음을 갖게 된 것이다.

작고 사소한 문제는 부부의 일상을 흔들어 놓았고, 해결하지 않은 감정의 골은 사소한 문제에도 유연하게 대처하는 데 어려움을 갖도록 했다. 갈등은 남편에 대한 원망과 불평이 먼저 나오고 내가 사랑받지 못하고 있다는 억울함에 분노를 쏟아 내는 재료가 되었다.

믿어 준 만큼 자라는 꿈나무

사람은 누구나 인정을 받고 특별히 사랑받기를 원한다. 특히 어린 시절 부모로부터의 사랑이 결핍되면 대상을 가리지 않고 사랑을 갈망하는 양상을 보이게 된다. 이러한 현상이 오히려 관계를 깨트리고 불행을 자초하는 결과를 낳는다.

부모로부터 버림받았다는 생각은 세상 모든 것이 자신을 버렸다는 생각으로 이어진다. 이렇게 되면 본인 스스로 자신을 이 세상에 살 만한 가치가 없는 존재로 여겨 자괴감에 사로잡힌다.

이제부터 부모는 자녀의 이름을 제대로 불러 주고 그 존재를 있는 그대로 인정해 주어야 한다. 처음 자녀가 태어났을 때 모든 부모가 조건 없이 기뻐하고 좋은 이름을 지어 축복해 주었던 순간을 기억해야 한다. 그 이름에 자녀를 사랑하는 마음을 듬뿍 담지 않았는가? 지어준 이름대로 살아가라는 소망을 가득 담아서 이름을 부르고 또 부르지 않았는가? 우리는 자녀의 무한한 가능성을 조금도 의심하지 않았고 아낌없이 축하해 주었다.

이것을 심리학에서는 '피그말리온 효과'라고 한다. 그 사람의 가능성을 순수하게 믿을 때 기대에 부응하는 결과를 이루어 낸다는 의미가 담겨 있다.

그런데 우리 사회는 자녀를 믿고 그 가능성에 에너지를 쏟기보다, 물질적인 보상을 더 중시하는 문화로 치닫고 있어 안타깝다.

그릇된 보상은 사람의 존재적 가치보다 그 사람이 가지고 있는 배경에 초점을 두기 때문에 존엄성을 지키는 일에 어려움이 있다.

사람은 겉으로 드러나는 결과보다 속마음이 어떤 원인에 의해서 움직였느냐가 더 중요하다. 그러나 물질적 보상은 표면적이고 가시적인 보상에 관심을 집중한다. '네가 ~을 하면, ~을 줄게'라는 식의 보상은 긍정적 효과를 기대하기 어렵다.

한때 우리의 교육현장에서 칭찬 스티커를 사용한 적이 있다. 칭찬받을 만한 행동을 했을 때 스티커를 주며 선생님이 격려해 주자는 취지에서 만든 행동 변화 프로그램이다.

취지에 맞게 잘 사용하면 긍정적 효과가 있을 수 있겠지만 부정적 요소도 많은 것이 사실이다. 행동의 결과에 따라 보상을 하게 되면 긍정적인 행동의 양은 어느 정도 늘어날 수 있지만, 그 행동의 질적인 부분은 떨어질 수 있다.

그 대표적인 예가 초등학교에서 실시하는 '책 많이 읽기 프로그램'이다. 책을 가까이하여 친구가 되면 상상의 나라로 여행을 하는 멋진 경험을 한다. 그러나 본래의 취지에서 벗어나 책 한 권을 읽을 때마다 스티커를 주면서 경쟁심을 부추기면 학생들은 칭찬을 받기 위해 쉽고 편한 책만 골라 읽게 된다.

책을 가까이하면서 얻게 되는 긍정적 효과는 사라지고, 선생님께 칭찬을 받기 위해 분량이 적은 책으로 숫자만 늘리는 상황이 되는 것이다.

이처럼 칭찬이나 보상을 받으려는 심리는 나이가 어릴수록 더 강력하게 나타나기 때문에 지혜롭게 사용해야 한다.

자녀는 부모가 믿어 준 만큼 자라는 꿈나무다. 크고 원대한 나무로 자라나길 원한다면 부모가 정해 놓은 틀인 작은 정원에 자라게 해서는 안 된다. 더 크고 넓은 세계로 나가서 마음껏 뿌리를 내리도록 그 가능성을 제한하지 않는 것이 중요하다. 부모는 자녀를 끝까지 믿어 주고 기다려 주기만 하면 된다.

가족 토론방

질문 1: 건강한 신뢰를 위해 필요한 것은 무엇이고, 이것을 실천할 때 예상되는 문제점과 해결방법은 무엇인가?

질문 2: 부모 입장에서 생각하는 신뢰와 자녀가 생각하는 신뢰는 어떤 것이 있는가? 다른 점을 해결하려면 필요한 것은 무엇인가?

질문 3: 상대방과의 신뢰가 허물어졌다면, 관계를 회복하는 데 필요한 것은 무엇인가?

4
이젠 제발 멈춰 주세요

❖━━━━━━━━❖

"나 자신을 이렇게 보는 것 자체가 너무 싫어요. 이런 내 모습을 보고 있으면 기분이 곤두박질치죠. 작은 일에도 화가 치밀어 올라 어떻게 해야 할지 모를 때는 환장하겠어요. 언제부터인가 잘 기억은 나지 않지만, 원인 모를 눈물이 나올 때면 내가 왜 이렇게 살아야 하는지 회의가 들어요. 그럴 때는 차라리 죽는 것이 더 낫겠다 싶을 때가 많아요. 내가 생각해도 정말 소름 돋는 일인데 이제는 일상이 되어 가고 있네요."

부모의 심한 폭력에 노출되어 고통스러운 삶을 살아온 어느 아기 엄마의 처절한 고백이다.

우울증 치료를 받던 이 여인은 정신과 의사의 권유로 상담실을 방문하게 되었다. 지금까지 발목을 잡고 있었던 과거의 상처에 정면으로 맞서기 위해서였다.

"과거의 상처에서 벗어나고 싶어요. 지금은 말할 수 없이 고통스럽지만 더는 과거로 인해 현재의 내 삶이 휘둘리는 것을 참을 수가 없어요."

그녀는 그 누구에게도 꺼내 놓지 않았던 아픈 상처를 조심스럽게 드

078

가족,
넌 괜찮니?

러내었다.

"아빠가 술을 먹고 귀가하는 날에는 전쟁이에요. 고함을 지르는 것은 예사고 손에 닥치는 대로 물건을 집어 던지니까요. 평소에는 말씀이 없으시다가도 술을 먹고 들어오면 말 그대로 전쟁터로 변해요. 일단 주사가 시작되면 폭력으로 가요. 그러면서 이렇게 말하죠. '아빠는 다 너희들이 잘되라고 때리는 거니까 불평하지 마!' 이건 말도 안 되는 억지죠. 언제나 아빠는 미친 사람처럼 욕을 하면서 무차별적으로 때렸어요. 지옥이 따로 없었어요. 오죽하면 그 어린 나이에 아빠가 빨리 죽었으면 좋겠다는 생각을 했었어요. 지옥에서 빨리 벗어나고 싶어요."

그녀는 가슴속에 쌓아 놓았던 울분을 토해 내고 있었다.

•

사랑의 매(?)는 필요한가요?

•

부모들은 '자녀 교육을 위해서는 어느 정도 체벌이 필요하다'라는 의견에 동의하는 분위기다. 훈육이라는 이름으로 '사랑의 매'를 들기 때문에 자녀에게 그렇게 큰 아픔을 줄 것이라고 생각하지 않는다.

부모들은 훈육을 위해서 매를 들어야 한다고 생각한다. 훈육을 위한 목적이라면 '회초리도 사용 가능한가?'라는 질문에도 '가능하다. 체벌하지 않으면 버릇없이 부모 머리 꼭대기에 앉는다'라며 필요성을 강조한다.

부모가 매를 들면 여리고 약한 아이가 강하고 튼튼한 아이로 자라

줄 것이라는 왜곡된 믿음이 있는 것 같다. 그러나 대단한 착각이다. 매는 일시적인 효과를 제외하면 부작용이 훨씬 많다. 매를 훈육의 도구로 사용하는 것은 도움이 안 된다고 전문가들은 말한다.

체벌한다고 자녀의 관점이 달라지거나 행동에 변화가 생기지는 않는다. 오히려 반감만 쌓인다. 원망하면서 짜증이 일어나게 되고 억울함이 있는 자녀는 불편한 감정을 주체하지 못해 애먼 곳에 가서 화풀이한다.

부모가 힘(폭력)을 잘못 사용하면 부메랑이 되어 또 다른 이름의 폭력자를 만들어 낸다. 우리의 어린 시절을 생각해 보자. 회초리를 맞거나 손찌검을 당했을 때 고통스럽고 두려운 감정이 먼저 올라왔을 것이다. '내가 잘못했구나' '부모님 마음이 아프겠다'라는 생각을 먼저 하는 자녀는 없다. 그 이유는 단 하나다. 매를 들고 체벌을 먼저 가하면 아이가 자신이 어떤 잘못을 했고 무엇 때문에 혼나는지 상황 파악이 안 된다. 현재의 문제 상황을 설명해 주지 않아 이해가 안 된 상황이니 당연한 일 아니겠는가?

훈육을 위한 체벌이 교육적인 효과가 있을 것이라는 부모의 그릇된 생각에서 벗어날 때다. 훈육을 위한 목적이라고 해도 체벌은 사랑하는 자녀에게 그저 두렵고 아픈 상처를 남길 뿐이다.

이처럼 폭력은 마음의 깊은 상처가 되어 가족체계를 뒤틀리게 한다. 심각한 심리적 왜곡과 관계의 혼란이 가족 전체를 가해자로 만든다. 폭력 앞에 자녀는 두려워 떨며 부모를 피하게 되고 부모는 자녀가 자신을 피하는 것 같아 늘 서운함을 갖게 된다. 자녀는 일그러진 자아상을 갖게 되고 부모는 폭력의 가해자가 되어 죄책감에 사로잡히게 된다.

가족,
넌 괜찮니?

그러나 더 큰 문제의 핵심은 다른 곳에 있다. 훈육을 위해 회초리를 사용하느냐의 문제가 아니라 매를 들었을 때 어떤 감정 상태로 자녀를 대하느냐가 더 중요하다.

사람은 감정이 극에 달해 폭발하면 '이성의 뇌'가 순간적으로 제 기능을 잃는 최악의 사태가 벌어진다.

기관사가 없는 폭주 기관차가 도시를 달린다면 어떻게 되겠는가? 감정이 폭발한 상황에서 자녀에게 매를 드는 것은 폭주 기관차보다 더 치명적인 결과를 초래한다.

'사랑의 매' 차원으로 훈육을 한 것이라면 자녀가 수긍하고 인정할 수 있어야 한다.

진심이 전달되지 않는 사랑의 매는 훈육이 아니라 폭력이다.

'나도 옛날에 매 맞고 컸는데 뭐. 예전에 내가 맞은 것과 비교하면 지금은 매도 아니야'라는 기준으로 매를 든다면 불행하고 슬픈 일이다. 폭력은 단순한 문제로 끝나지 않는다. 세대 전수가 되는 무서운 마음의 병이다. 단순히 육체적인 고통이나 상처로 끝나지 않고 마음에 깊은 상처를 주기 때문에 폭력은 반드시 근절되어야 한다.

부모의 폭력에 노출된 자녀는 폭력 문화에 자연스럽게 스며들어 폭력을 여과하지 않고 받아들이고 학습하게 된다. 어쩌다가 폭력에 노출이 되었어도 당연하게 여길 뿐만 아니라 감정을 표현하는 데 어려움이 따른다.

더 큰 문제는 어릴 때 폭력에 노출될 경우 성인이 되어 힘이 생기면 또 다른 폭력의 가해자가 될 가능성이 높고, 그 양상이 부모의 폭력보다 더 강화되는 특징을 보인다.

그렇다면 자녀들은 매 맞는 순간 어떤 마음이 들까? 자녀는 부모가 자신을 미워하기 때문에 때린다고 믿는다. 부모 입장에서 상상하기 어려운 일이다. 어느 부모가 자식이 미워서 때리겠는가?

오직 자녀가 잘되기를 바라는 간절함에서 나오는 행동이 자녀 가슴에 평생 멍으로 각인된다는 것을 기억하자.

부모 노릇은 참 어렵고 언제나 부담스럽다. 하지만 부모는 그 이름만으로도 위대하다. 이미 부모이기에 자녀에게는 언제나 든든한 존재이다.

·

지워지지 않는 가슴의 멍 자국

·

가족은 사람들에게 삶의 의미를 가져다주는 소중한 통로이다. 가족에 대해 품었던 어린 시절의 느낌은 '세상의 전부'라고 해도 틀리지 않을 정도로 큰 존재로 작용한다. 시간이 흘러 성인이 되었다고 해서 가족의 중요성이 사라지는 것은 아니다. 가족은 언제나 삶에 크고 작은 영향력을 행사한다.

가족은 나에 대해 속속들이 알기 때문에 이것저것 설명하는 수고가 없어도 관계 형성에 큰 무리가 없다는 장점이 있다. 요즘처럼 거칠고 모르는 사람이 많은 세상에서 이것보다 더 안전한 것을 찾기 쉽지 않다. 그러나 가족체계가 허물어져 문제가 생기면 가족은 이제 더는 나를 돕는 천사가 아니다.

특히 무심코 튀어나온 말 한마디가 자녀의 존재와 삶을 집어삼킨다. 그만큼 부모와 자녀의 관계는 중요하면서도 민감한 문제이기 때문이다. 같은 공간에서 함께 머물며 오랫동안 생활하기 때문에 무슨 말을

가족,
넌 괜찮니?

하든지 간에 과거의 사건과 해결되지 않은 정서가 엉켜 두 사람의 관계를 더 복잡하고 힘들게 한다.

신체적 학대는 물리적인 충격이 몸에 가해지면서 멍과 같은 상처와 흔적을 남긴다. 누가 보더라도 '이건 학대다'라고 할 정도로 말이다. 그러나 언어적 학대는 겉으로 상처의 흔적이나 흉터를 전혀 남기지 않는다. 이 때문에 신체적 학대보다 언어적 학대가 더 심각한 부작용을 낳는다. 상대방이 어느 정도 치명상을 입었으며 그 후유증이 어느 정도일 것이라는 예측마저 불가능하다.

가족 토론방

질문 1: '사랑의 매'라는 이름으로 체벌하는 부모의 입장과 근거는 무엇이고, 부모의 의견에 대해서 자녀는 어떤 감정이 들었는가?

질문 2: 가족이라는 공동체가 내게 어떤 의미이고, 가족 구성원은 평소에 나를 어떻게 생각하고 있는가?

질문 3: 가슴에 멍으로 작용하는 상처는 쉽게 지워지지 않고 오랫동안 삶에 영향을 주는 것에 대해서 서로의 견해는 무엇이고, 그렇게 생각하는 근거는 무엇인가?

5
말 한마디의 역습

◆————————◆

아무리 가까운 부모라 하더라도 언어로 자녀를 공격해서는 안 된다.

"너, 바보니? 그것 하나 제대로 못 해?"
"너 같은 애는 없는 게 더 나아. 꼴도 보기 싫어."

이런 식의 언어적 학대는 자녀의 자존감을 추락시키고, 매사에 의욕상실과 같은 부정적인 에너지를 가져다준다. 평소에 잘하던 생활도 흐트러지고 실수가 잦아지며 쉽게 포기하는 현상을 보인다. 이렇게 자신감이 떨어지면서 자기 자신에 대한 확신이 떨어지고 자존감이 낮아지면서 수치심과 열등감에 젖게 된다.

한동안 우울증으로 상담을 받았던 어느 청년의 고백이다.

"부모님을 만나는 것 자체가 저에게는 큰 고통입니다. 객지 생활을 하다가 고향의 부모님을 만나면 꼭 상처를 받고 옵니다. 이젠 부모님을 뵙는 것 자체가 두렵습니다. 인생을 살다 보면 솔직히 힘들고 어려울 때 부모님의 위로가 큰 힘이 될 때가 있잖아요? 그런데 저는 그 반대입니다. 부모님이 나를 못 미더워해서 지적하고 심하게 막말을 하시는 것을 이제는 듣고 싶지 않아요."

또 하나의 공격 무기는 비웃는 말로 자녀를 공격하는 것이다. 농담처럼 별명을 부르거나 유머를 사용해 부드러운 말을 사용했다고 해서 상처를 받지 않는 것은 아니다.

"차라리 대놓고 막 혼내시는 것이 더 나아요. 혼나고 나면 끝이잖아요. 그런데 비웃는 태도는 정말 아닌 것 같아요. 시간이 지나고 생각이 날 때마다 기분이 나빠요. 정말 짜증 나거든요."

그는 오랜만에 엄마와 쇼핑을 한 후에 아빠의 반응 때문에 화가 났다고 했다. 아빠가 쇼핑한 옷을 보면서 '옷은 좋은데 네가 입으니까 어릿광대 같아'라고 말한 것이 문제가 된 것이다. 속상한 아들이 짜증을 냈더니 농담한 것이라고 하면서 대수롭지 않게 반응을 했다는 것이다.

"이런 상황에서는 아빠가 사과하는 것이 옳다고 생각하는데, 농담으로 한 것인데 그게 무슨 대수냐는 듯이 그냥 넘어갔어요. 이건 아니잖아요."

농담인데 너무 예민하게 반응한다며 둘러댔지만, 자녀에게는 한마디의 말도 깊은 상처가 될 수 있다. 처음 한마디가 충격이 되면 마음의 문이 닫히면서, 그 뒤에 아무리 좋은 말로 칭찬하고 격려를 한다고 해도 버스 떠난 뒤 손 흔드는 것과 다르지 않다.

잘못한 일에 대해서는 시간이 지체될수록 사과의 골든타임을 놓친다. 사과는 빠르고 정확하게 자신이 잘못한 부분에 대해서 인정하는 것이 중요하다. 대부분 이런저런 문제로 차일피일 미루거나 대수롭지 않게 여기는 문화가 사과를 어렵게 한다.

부모로 인해 자녀가 마음에 상처가 되었다면 진심 어린 사과가 선행되어야 하는데 우리의 현실은 그렇지 못하다.

여전히 장유유서의 정서가 사회 곳곳에 남아 있다. 윗사람이 잘못해 놓고 아랫사람에게 사과하는 것을 자존심 상하는 것으로 치부하거나 사과해도 그만이고 안 해도 별로 문제가 되지 않는다고 생각하는 그릇된 사회 정서다.

사과는 윗사람과 아랫사람의 관점에서 볼 것이 아니라, 잘못을 한 사람이 이유를 불문하고 정중하게 사과하는 것이 정답이다. 이것이 건강한 인간관계이고, 아름다운 사회로 가는 길이 되는 것이다.

살리는 말과 죽이는 말

사람은 누구나 사랑받고 인정받을 때 존재감이라는 날개를 펼치고 세상을 향해 힘차게 날아오른다. 이때 필요한 언어가 바로 '긍정적인 표현'이다. 긍정적인 표현에는 하나의 원리가 있다. 학습을 통해서 배우는 것이 아니라 생활 속에서 자연스럽게 체득된다는 것이다. 인생에서 긍정적인 말을 많이 듣고 활용하는 사람이 되려면 먼저 부모에게 자주 들을 수 있어야 한다.

생각해 보자. 나를 낳아서 길러 주신 부모님에게 듣지 못한 말을 다른 사람에게 쉽게 들을 수 있겠는가? 쉬운 일이 아니다. 그것도 관심과 사랑이 가득 담긴 긍정적인 말과 표현을 말이다.

"네가 뭘 안다고 그래."

"그 정도는 누구나 다 할 수 있는 것인데 유난 떨지 마!"

"그렇게 해서 무슨 성공을 하겠어."

자녀에게 이런 말을 할 때가 있는데, 우리는 이런 핑계를 대면서 정당화한다. '자극을 주면 성장에 도움이 되고, 강하게 키워야 한다'라고 말이다.

자극을 주어 조금이라도 성장시키려는 의도가 잘못되었다고 매도하는 것이 아니다. 방법이 잘못되었다는 점을 분명히 하고 싶다. 존재를 깎아내리며 상처를 주는 것이나, 비교를 하면서 무시하는 태도 등은 결코 해서는 안 될 금기사항이다. 메시지가 주는 파괴력도 대단하지만 더 큰 문제는 자녀의 자존감에 깊은 생채기를 남긴다. 많은 청소년이 자신의 존재적 가치를 잃고 무력감의 홍수에 빠지는 이유도 여기에서 찾을 수 있다.

상처는 여기에서 끝나지 않는다. 청소년기는 성인으로 가는 과정이라 상처라는 물리적 변수가 발생하면 신체(신경계)와 정서적 안정에 상당한 영향을 준다. 처음에는 작은 생채기로 시작된 문제들이 성인이 되면서 삶에 강력한 쓴 뿌리로 작용해 어려움을 가져다주는 예는 우리 주변에서 흔하게 보는 광경이 되었다.

알에서 갓 부화한 어린 새에게 둥지는 절대적으로 필요한 공간이다. 천적의 공격으로부터 보호를 받을 수 있고, 어미 새로부터 필요한 보살핌을 받는 데 최상의 조건을 갖춘 곳이기 때문이다. 그러나 점점 몸집이 자라 날개에 힘이 오르면 둥지는 머물러야 할 곳은 아니다. 창공을 향해 날개를 펴서 힘껏 날아올라야 한다.

자녀도 때가 되면 길러 주신 부모 품을 떠나 독립된 건강한 인격체로 살아가야 한다. 부모의 품이라는 둥지에서 벗어나 넓은 세상을 향해 독립의 날갯짓을 펼치기 위해서는 외부 환경에 대한 두려움을 새로운 세계에 대한 기대감으로 바꿔야 한다.

그러기 위해서는 부모 품에서 주눅 들지 않고 당당하게 자기 의사를 표현하는 것이 무엇보다 중요하다.

그러나 부정적인 말을 듣게 되면 자신감은 사라지고 움츠러들어 긍정적인 에너지는 발휘되지 않고 소멸한다. 처음에는 환경을 탓하며 도전과 실패를 반복하다가, 결국 그 화살이 자기 자신에게로 향하면서 벗어나기 어려운 지경에 이른다.

"난 실패자야. 이런 내가 정말 싫어."
"내 인생은 이제 끝났어. 희망 따윈 없는 거야!"라며 스스로 무너지고 만다.

•

자녀에게 영향을 준다는 것을 인지하라

•

자녀는 스펀지와 같다. 스펀지는 물을 있는 그대로 흡수하는 특징을 가지고 있다. 물이 어떤 색을 가지고 있든 여과 없이 빨아들이듯이, 어린 자녀는 부모의 모든 삶을 있는 그대로 닮고 배운다. 무엇이 좋은 행동이고 나쁜지는 중요하지 않다. 마치 우리가 숨을 쉴 때 좋은 공기와 나쁜 공기를 일일이 따지면서 호흡을 하지 않듯이, 자녀도 부모의 말과 행동을 의심하거나 부정하지 않고 있는 그대로 받아들인다.

가족,
넌 괜찮니?

이렇게 흡수된 메시지는 오랫동안 에너지가 되어 자녀의 삶에 영향을 준다. 어떤 메시지는 습관을 형성하기도 하고 어떤 메시지는 신념이 되어 삶에 영향을 준다.

어린 시절부터 부모의 긍정적이고 밝은 메시지를 듣고 자란 자녀는 "그래! 난 할 수 있어. 내가 얼마나 소중한 사람인데" "힘들지만 이겨낼 수 있어. 이런 내가 자랑스러워"라며 자율적이고 창조적인 삶을 살아가게 된다.

가정에서 일어난 부정적인 행동과 사건은 배우자나 가족에게 아픔을 주는 것으로 끝나지 않고, 쓴 뿌리가 되어 대물림된다는 점에서 주의가 필요하다. 특히 부부갈등에서 오는 공격적인 말과 행동은 자녀들에게 그대로 전해져 부정적인 영향을 준다.

문제는 여기서 끝나지 않는다. 상처는 쓴 뿌리가 되어 대물림된다. 근본적인 원인을 깨닫고 그 뿌리를 제거하지 않으면, 아픔을 주는 단순한 문제가 아니라 대를 이어 충성하는 악습으로 자리매김한다.

같은 말이라 하더라도 감정이 실린 말은 예리한 날을 가진 살상용 무기와 같다. 무심코 던진 말이 상대방에게는 치명상이 된다는 말이다. 정작 본인은 별 뜻 없이 어떤 의도를 갖고 한 말이 아님에도 불구하고 상대방은 고통을 호소하게 된다.

특히 가족체계에서 이런 현상이 두드러진다. 편한 가족관계가 상대방을 막 대해도 된다는 잘못된 인식으로 변한 이유다.

문제 상황에서 자녀의 잘못과 실수에 대해 훈육을 할 때도 부정적인 말을 사용하는 것은 금물이다.

"저는 늘 긴장 속에 살고 있고 집에 들어갈 때면 만반의 준비를 하게 됩니다. 매일 술을 마시는 아빠가 언제 어떻게 공격을 해올지 모르기 때문이에요. 그래서 저는 항상 방어할 준비를 해놓고 있죠."

지나치게 술을 마시는 아버지로 인해서 부모가 갈등을 일으키고, 불화를 겪을 때마다 지옥을 경험한다며 아픔을 호소하는 청년은 눈물로 호소했다.

"아빠가 술을 먹고 들어오시는 날은 전쟁이라고 보면 돼요. 집에 있으면 누구에게 불똥이 튈지 몰라 친구 집으로 피신을 가거나 도서관으로 피하죠. 이런 스트레스는 당해 보지 않은 사람은 몰라요. 단순하게 짜증 나는 정도가 아니라, 차라리 내가 죽으면 다 끝나는 것 아닌가 하는 생각이 들어요."

청년은 이런 현실을 마주할 때마다, 무기력한 자신을 한없이 자책한다며 도움을 요청했다.

자녀는 항상 부모를 '모방하려는 심리'를 가지고 있다. 인생길은 그 어떤 누구도 밟아 보지 않은 처음 가는 길이고, 경험해 보지 않은 미지의 세계로 풀기 어려운 숙제와 같다. 그래서 사람은 가장 가깝고 신뢰하는 부모를 모방하면서 따라 배우는 특징을 보인다. 특히 어린 시절 부모와 나눈 경험이나 자극은 성격을 이루는 재료가 된다는 점에서 중요하다.

상대방을 살리는 말을 하라

사람은 대부분 말로 소통을 한다는 점에서 말의 중요성은 설명이 필요 없을 정도다. 말 한마디가 사람을 살리기도 하고 죽일 수도 있다. 어떤 말은 듣는 사람의 마음에 기쁨과 행복을 주고 삶에 활력을 가져다준다. 반면에 어떤 말은 상대방의 마음에 절망과 분노를 일으켜 씻을 수 없는 아픔과 상처를 준다. 이처럼 말이 가지는 힘은 참으로 대단하다.

"오늘 또 늦게 들어왔네. 넌 항상 이런 식이야. 정말 화난다."

늦게 들어와서 화가 난 것인지 약속을 지키지 않은 것이 문제가 되어 화가 났는지 잘 살펴야 한다. 우리는 대화 장면에서 상대방에게 잘못을 묻거나 책임을 전가하게 된다. 문제의 원인을 상대방 탓으로 돌리는 것이다. 이는 상대를 자극하고 공격성을 부추기는 결과를 낳는다. 그래서 애초에 싸움이 되지 않을 상황을 상처뿐인 전쟁터로 만들고 만다.

이렇게 부정적으로 표현하는 감정은 또 다른 감정을 자극하여 결국 감정싸움으로 연결되기 때문에 서로의 감정을 자극하지 않는 대화법이 필요하다.

이러한 대화를 '1인칭 대화법'이라고 하는데 이 대화법은 말할 때 주어가 '당신(너)'이 아니라 항상 '나'로 시작한다. 여기에는 '탓하기'가 없고 현재 느끼는 감정을 본인 관점에서 설명하기 때문에 상대방을 직접 자극하지 않게 된다.

우리가 자주 사용하는 2인칭 대화법은 주어가 '나'가 아니라 '당신(너)'이다. 처음부터 상대를 지칭하여 대화가 시작되면 내용이나 상황을 제대로 파악하지 않고 대화하기 때문에 오해와 갈등을 불러온다. 주어가 내가 아닌 당신이 되면 상대방은 자신을 비난하는 말투로 받아들여 마음이 상하거나 재공격하게 된다.

똑같은 내용의 말이라도 1인칭 대화로 바꾸면 상대방을 자극하거나 비난하지 않고 감정을 건드리지 않으면서 자신의 감정을 정확하게 전달할 수 있다.

가족 토론방

질문 1: 사람은 소통을 통해 관계를 형성하는데, 인간관계에 도움이 되는 긍정적 언어와 부정적 언어는 어떤 특징이 있다고 생각하는가?

질문 2: 가족과 건강한 소통을 가로막는 장애물은 무엇인지 알아보고, 이를 제거하기 위해서 가족이 힘을 모아야 할 것은 어떤 것이 있는가?

질문 3: 상대방과 대화할 때, '당신 때문에'라며 탓하지 않고 내 생각과 감정을 먼저 말하는 훈련을 통해 어떤 유익이 있었는지 나누자.

가족,
넌 괜찮니?

6
소통하려면 경청하라

　사람이 살아가면서 말이 통하는 것처럼 중요한 것은 없다. 서로 말이 통한다는 것은 관계가 건강하다는 것을 의미한다. 소통이 원활하려면 상대방이 하는 말을 정확하게 이해하고 존중해야 한다. 나 또한 상대방에게 부담 없이 자유롭게 말하는 분위기가 되어야 한다. 반대로 소통이 원활하지 않으면 대화의 즐거움이 사라지고 답답함에서 오는 고통과 좌절감을 겪게 된다. 소통이 자유롭지 않으면 대화의 어려움과 단절은 피할 수 없다. 이런 관계가 지속되면 온갖 오해가 난무하고 불평과 불신이 팽배하게 된다.

　말에는 힘이 있다. 감사한 일이 없어도 '고맙다'라는 말을 하면 뇌는 긍정적인 반응을 한다. 고마움을 느끼기 위해서라도 관심을 가지고 주변을 관찰하면 작고 사소한 것이라도 놓치지 않고 감사하게 된다.

　반대로 '넌 뭐가 잘나서 그 모양이야'라는 말을 듣게 되면 자동으로 상대의 약점에 반응하며 공격을 하게 된다. 사람은 공격을 받으면 방어기제가 발동하여 예민하게 촉을 세우게 된다. 그리고 더 이상의 피해를 막기 위해서 선제공격을 하거나 맹렬하게 비난을 퍼부어 기선을 제압한다.

　소통과 불통의 문제는 인간관계에서 우선순위가 되어야 하지만 현실은 그렇지 않다. 소통이 어려운 이유는 정보의 가치나 효율성을 강조하면서 상대방을 존중하거나 경청하려는 마음이 부족하기 때문이다.

목소리는 감정의 거울

목소리는 그 사람의 감정을 그대로 보여 주는 거울과 같다. 화가 나고 짜증이 올라오면 목소리도 평소보다 격앙되고 톤도 올라간다. 감정에 맞게 목소리도 긴장 상태로 변하는 것이다. 반대로 목소리에 힘이 없고 톤도 평소보다 낮으면 몸이 피곤하거나 심리적으로 가라앉은 상태를 말해 준다.

목소리는 연습과 교정을 통해 바꿀 수 있다. 정확히 말해 목소리 자체는 바꿀 수 없지만 얼마든지 목소리를 부드럽고 감미롭게 꾸밀 수는 있다. 같은 말이라도 사무적으로 하는 말과 배려와 애정이 담긴 말은 목소리 톤이 다르게 나온다.

그런데 문제는 대화 중에 나도 모르게 감정이 변하면서 목소리가 점점 커지는 상황이 자주 발생한다는 것이다. 머리로는 이해가 되고 상황도 이미 파악된 상태지만 감정이 출렁일 때면 평정심을 잃고 혼란에 휩싸이고 만다. 이처럼 본의 아니게 대화 중에 목소리가 점점 커져 갈등과 감정싸움으로 이어지는 경우가 많다.

대화에서 목소리는 상수도의 원리와 같다. 수원지의 물은 철저하게 관리되어 깨끗한 상태로 각 가정에 공급된다. 그러나 수원지의 물을 전달하는 수도관이 낡고 녹이 슬면 오염된 물이 되어 건강을 해치게 되는 이치와 같다.

나를 위로하고 격려하는 말의 내용이라 하더라도, 목소리가 거칠고 투박할 경우 위로의 말은 사라지고 상대방의 감정을 자극하게 된다. 말의 내용과 상관없이 목소리만으로도 이런 현상이 일어나는 것이다.

따라서 전달하려는 말의 내용보다는 따뜻하고 밝은 톤의 목소리가 상대방에게 위로가 된다. 칭찬과 격려의 내용을 담고 있어도 목소리가 거칠고 쌀쌀맞으면, 어느새 말의 내용은 사라지고 거친 목소리로 인해 불쾌한 감정이 순식간에 올라와 관계를 악화시킨다.

특히 가까운 관계는 격식을 갖춘 대화보다는 편하고 자연스러운 생활언어를 사용하는 것이 좋다. 주변 상황과 여건에 따라 목소리도 아름다운 색과 분위기를 살리는 것이 중요하다. 너무 격앙되거나 차가운 느낌이 아닌 부드러운 목소리와 밝은 톤의 분위기로 말하는 훈련이 필요한 것이다.

명품 피아노라고 하더라도 맑고 영롱한 소리를 내려면 조율을 하는 것과 같이, 상대방에게 꼭 필요한 말을 전달하는 목소리를 건강하게 관리하고 사용하는 노력과 훈련을 충분하게 하는 것이 중요하다.

∙

상대방의 말에 귀를 기울여라

∙

가정에서 일어나는 작고 사소한 문제라도 소홀히 할 수 없는 이유는 사회관계망과 연결되어 있기 때문이다. 가정에서 경험하는 작은 문제가 사회로 이어질 때는 엄청난 파장을 일으킬 수 있다. 이러한 현상은 사소한 개인의 문제와 이슈로 끝나지 않고, 나비효과를 일으켜 가정을 넘어 사회 문제로 확산될 수 있다는 점을 간과해서는 안 된다.

건강하고 안정된 가정생활을 위해서는 가족 간에 소통이 원활해야 한다. 가족 간의 소통에 가장 큰 영향을 미치는 것이 바로 '부부 소통'이다. 먼저 부부가 만족스러운 소통을 경험하지 못하면, 자녀와도 원

만한 소통이나 교류가 소원해질 수밖에 없다.

상대방과 대화할 때 귀 기울여 듣는 것은 소통의 기본인 동시에 인간관계의 시작이다. 사람들은 '어떤 말을 할까?'에 집중하면서 에너지를 쏟지만, 이것보다 더 중요한 '나에게 어떤 말을 할까?'에는 관심이 상대적으로 적다.

상대방이 나에게 무슨 말을 전달하려고 하는지 마음을 다하고, 단순하게 듣는 것이 아니라 눈을 마주하며 귀를 기울여 집중하여 듣는 것을 '경청'이라고 한다. 우리는 대화를 하는 중에 핸드폰을 확인하거나 다른 일에 시선을 빼앗긴 채 대화를 하는 경우를 자주 목격하게 되는데, 이것은 대화의 기본에서 벗어나는 것이므로 개선이 필요한 대화 문화라고 할 수 있다.

경청은 단순히 들리는 소리에만 반응하는 것이 아니다. '듣는 것'은 귀를 통해 들려진 소리에 뇌가 반응하여 수집된 정보에 따라 몸이 움직이는 것을 말한다. 경청은 단순히 들리는 소리보다는 살아 움직이는 느낌과, 말이 담고 있는 의미까지 파악하려는 몰입을 동반하기 때문에 상대방과 좀 더 깊은 대화가 가능한 장점을 가지고 있다. 따라서 귀를 기울이는 경청은 단순한 소통이 아니라 가족관계의 친밀감을 높일 수 있는 효과적인 소통 방법이라고 하겠다.

말하는 대화보다 귀 기울여 듣는 대화를 하게 되면 상대방에게 집중할 수 있다. 경청보다 '말하기'에 집중하다 보면 상대방의 의도나 생각을 알지 못할 뿐만 아니라, 어떤 말을 해도 잘 들리지 않게 된다. 그리고 자기의 주장이나 의견을 어떻게 상대방에게 효과적으로 전달할까에 온 신경을 쓰기 때문에 원활한 소통 자체가 어렵다. 이런 대화의 패턴을 계속 사용할 경우 두 사람 모두 상대방의 말이 들리지 않는다. 어느 정도 들었어도 충분히 이해하지 못하기 때문에 대화가 이어지기보다는 불편한 감정을 건드려서 오해와 갈등을 겪게 된다.

상대방의 말에 귀를 기울인다는 의미는 듣는 사람의 태도도 포함한다. 상대방이 이야기하고 있는데 먼 산을 바라본다든지 팔짱을 끼고 무시하는 태도를 보이는 것은 큰 결례다. 바람직한 태도는 말하는 사람에게 약간 몸을 기울이는 자세를 취하고 상대방의 눈을 마주 보는 것이다. 때로는 고개를 끄떡이거나 미소를 짓는 등 말하는 사람의 메시지에 따라서 적절하게 반응해 주는 것도 중요하다. 이와 같은 비언어적 메시지는 말의 내용보다 상대방에게 더 많은 영향을 미친다.

경청은 훈련이 필요하다

우리 사회는 참 바쁘고 분주하게 돌아가고 있다. 온 가족이 모여 오순도순 식사 한 번 하기 어려운 게 현실이다. 부모는 일하느라 바쁘고 자녀들은 학교와 학원을 오가느라 여념이 없다. 각자의 일정에 따라 쉴 틈 없이 움직여야 한다. 서로 언제나 바쁘게 살아야 하는 일상이 반복되다 보니 많지도 않은 가족이 한자리에 모이는 일이 좀처럼 쉽지가 않다. 이런 상황에서 가족이 서로의 생각이나 감정을 표현하고 경청하는 시간을 갖는 것 자체가 현실감 떨어지는 남의 나라 이야기일지 모른다.

상황이 이렇다 보니 짧은 시간에 효율적인 대화를 선호하게 되면서, 경청과 같이 에너지와 시간이 만만치 않게 들어가는 것은 시도조차 어려운 환경이 되고 있다. 경청은 단순히 잘 듣는 것만을 의미하지 않고,

상대방에게 집중해서 세세한 부분까지 놓치지 않고 수집하고 반응하며 정리해야 한다는 점에서 훈련이 필요하다.

훈련이라고 하면 사람들은 대부분 경계심을 나타내며 겁부터 먹는다. 경청은 상대방이 말하는 모든 말을 들어야 한다는 생각 때문에 부담스럽게 여긴다. 경청은 상대방의 말을 모두 듣는 것이 아니라, 말에 내포된 감정과 욕구를 파악하고 이해하여 공감하는 것이다. 귀를 기울여 듣게 되면 상대방에 대해서 조금 더 분명하게 이해할 수 있고 마음이 조금씩 열리면서 친밀한 대화를 하게 된다.

상대방의 말을 잘 듣는 것은 그 사람을 존중하는 마음이 담겨 있기 때문이다. 이런 마음의 표현에는 나 자신을 사랑하듯이 상대방을 이해하고 마음으로 공감하겠다는 사랑과 의지의 표현이 담겨 있다.

하지만 근래의 인간관계에서 상대방을 존중하면서 대화에 집중하는 것은 결코 쉬운 일이 아니다. 주변의 많은 장애물이 두 사람의 관계를 위협하고 있어서 이것을 지혜롭게 극복하지 않으면 안 되기 때문이다. 진정한 경청은 상대방의 마음속으로 들어가서 세밀하게 반응하고 정확하게 공감하는 아주 까다로운 작업이다.

진정한 경청은 다음과 같다.

첫째, 경청은 상대방에게 관심을 집중하는 것이다. 경청은 듣는 사람이 자신의 모든 동작을 잠깐 중단하고 말하는 사람에게 관심과 에너지를 집중하는 것이다. 말하는 내용을 놓치지 않을 뿐만 아니라, 당신을 주목하고 있다는 점을 확인시키는 것이 필요하다. 이렇게 집중하다 보면 상대방이 전달하고자 하는 내용을 가볍게 듣지 않고 세심하게 들을 수 있다.

가족,
넌 괜찮니?

둘째, 경청은 상대의 감정을 수용하면서 숨은 의도를 알아차리고 모르면 질문하는 것을 말한다. 사람은 대화하는 방식이 제각각이고 상황에 따라 다르게 사용한다. 어떤 경우에는 직설적 화법을 사용하기도 하고, 말 속에 의도를 숨긴 채 빙빙 돌려가면서 대화하기도 한다.

이런 경우 대화 중에 말의 숨은 의도가 발견되면 질문을 통해서 다시 한번 확인하는 작업을 거친다. 경청은 상대방의 말을 임의로 편집하거나 넘겨짚지 않는다. 한 걸음 더 나아가 비언어적인 메시지까지 놓치지 않고 듣겠다는 자세가 중요하다고 하겠다.

셋째, 경청은 상대방을 존중하는 태도이다. 경청은 '나는 지금 당신을 존중하며 듣고 있습니다'라고 무언의 메시지를 보내는 것이다. 이는 말하는 사람이 따뜻한 사랑을 경험하게 하며 자신의 마음을 쉽게 열 수 있도록 한다.

대화할 때는 서로의 마음을 열고 마음과 마음이 연결되는 경험이 중요하다.

그러나 세상에서 가장 열기 어려운 문이 마음의 문이라는 점을 고려해 볼 때, 경청으로 상대방을 존중하여 닫힌 마음의 문까지 열게 된다면 이보다 더 좋은 것이 또 있겠는가 싶다.

편안하고 안정된 마음으로 대화에 임하게 되면 상대방도 편안하고 안정된 마음으로 대화에 참여하게 된다. 존중하지 않는 태도로 대화를 하는 것은 대화가 아니라 일방적인 자기주장이고 공격일 뿐이다. 대화하면서 상대방을 억압하거나 통제하려는 의도를 갖고 대화에 임하게 된다면, 그것은 진정한 대화와는 거리가 먼 딴 세상 이야기에 불과하다.

질문 1: 서로 만족하는 소통이 되려면 필요한 것은 무엇인가?

질문 2: 경청은 상대방을 존중하고 말을 편집하거나 내 방식대로 판단하지 않고, 상대방 의사가 파악이 안 되면 질문을 통해 구체적으로 아는 것이라고 했다. 그렇다면 좀 더 도전해 보고 싶은 것은 무엇인가?

질문 3: 대화에서 중요한 것은 서로의 마음을 열고 서로의 마음이 연결되는 경험인데, 이 문제에 대해 서로의 생각과 입장을 나누어 보자.

7
정서적인 탯줄을 끊어라

◆━━━━━━━━━━━◆

동물은 생존을 위해 자기 영역을 목숨을 걸고 지킨다. 새끼와 종족을 보호하기 위해 본능이 강력하게 발동하기 때문이다.

사람 역시 사회적 동물이라는 특수성을 가지고 있어서 사람과 공동체를 떠나 홀로 살 수 없는 특징을 가지고 있다. 개인 공간이나 영역이 타인에게 침범을 당하면 반사적으로 예민하게 호전성을 보인다. 겉으로는 별 반응을 보이지 않아도 속으로는 '제발 저를 존중해 주세요'라고 외치는 것이다.

이처럼 우리는 누군가가 신체적으로나 심리적으로 경계선을 침범할 때 힘들어한다.

우리나라는 특유의 '정 문화'가 있다. 상대방과 가깝다는 이유로 자신도 모르는 사이에 개인 정보를 훤히 꿰고 있다. 숟가락 숫자까지 다 안다고 자랑하면서, 오늘도 꼬치꼬치 캐묻기를 반복한다.

때론 상대방이 원하지 않았는데 도움이라는 이름으로 개인 영역에 훅 들어가 간섭을 한다. 불쾌감을 표현하거나 언짢은 내색을 하면 '유별나다'라며 오히려 마음 상해한다.

가까운 사이일수록 상대방의 영역을 수시로 넘나든다. 호의를 거절하거나 도움을 받아 주지 않으면 배신감이 든다고 한다. 어쩌다가 비밀을 말하지 않은 일이 생기면 '우리 사이가 이 정도밖에 안 되었냐'며 화를 낸다.

서로 다른 두 사람이 '친밀하다'라는 것은 서로가 서로를 있는 그대로 인정해 주고 존중해 줄 때 나타나는 긍정적인 에너지이다. 상대방이 나와는 다른 사람임을 인정해 주고, 그의 생각이나 감정 등 생활 전반을 존중해 주는 과정이 선행되어야 한다.

　사람은 타인의 시선에서 벗어나 자유롭고 독립적인 영역에서 쉬고 싶어 한다. 다른 사람에게 침해받지 않는 개인적인 공간 말이다. 비좁은 지하철이나 버스와 같은 대중교통을 이용할 때도 예의를 지키는 것은 사회 질서를 위해 중요하다.

　대중이 이용하는 시설이라 하더라도 개인적인 공간이 침해를 받거나 불이익을 받으면 불쾌감이 드는 것은 이 때문이다. 같은 물리적 상황이라도 허용되는 범위가 있고, 아무리 가까운 사이라도 상대방에게 침해당하고 싶지 않은 자기만의 영역이 있는 것이다.

　그런데 가족관계에서는 '가족끼리 뭐 어때~'라며 쉽게 경계선을 넘어, 개인 영역을 침범하거나 존중하지 않고 무시하는 경우가 많다.

　갓난아이가 엄마 배 속을 떠나 이 땅에 발을 내딛는 순간 탯줄을 자른다. 새로운 인격체로 당당하게 세상에 신고하는 의미 있는 순간이다. 탯줄을 끊고 엄마와 분리되듯이, 정서적인 탯줄을 자를 때 독립된 인격체로 당당하게 서게 된다.

건강한 분화를 위해 필요한 경계선

　사람은 누구나 타인과 구별되는 가치관과 성격을 갖춘 독립된 인격체로 존중받을 권리가 있다.

가족,
넌 괜찮니?

갓 태어난 아이는 어머니와 양육자에게 전적으로 의존한다. 점차 성장해 나가면서 자신의 정체성이 세워지고 경계선이 분명해지면서 독립된 인격체로 발전해 나간다.

이것을 '분화'라고 한다.

분화를 위한 필수적 요소는 독립된 주체로서 경계선을 분명하게 하는 것이다. 경계선이 분명해질수록 '자기 분화'가 뚜렷하게 나타나게 되어, 사고와 정서를 분리하는 능력이 나타난다.

동물의 세계는 사람보다도 오히려 경계선이 분명하다. 어린 새끼가 태어나면 어미와 무리의 도움을 받다가 어느 정도 자라면 어미와 무리로부터 분리되는 아픔을 겪는다. 그 후 독립하여 또 하나의 무리를 이루게 되는데, 무리와 무리의 경계가 뚜렷해서 다른 무리의 영역에 들어가면 목숨을 잃는 경우도 생긴다.

이처럼 치열한 싸움을 피하기 위한 안전장치가 바로 영역표시이다. 자신의 배변을 뿌리거나 자신만의 독특한 냄새로 영역표시를 하게 된다. 이를 통해서 자신도 보호받고 다른 무리와 경쟁을 줄여 생존하기 위해서 그들만의 경계선을 만드는 것이다.

인간에게도 개인마다 적당한 영역을 보장받고 싶어 하는 본능이 있다. 아무리 가까운 사이라고 하더라도 상황에 따라 배려를 받지 못하면 불편을 느끼고 스트레스를 받는다. 따라서 사람에게는 건강한 분화와 안전한 경계선이 보장되어야 한다.

나만을 위한 공간

사람도 건강한 삶을 위해서는 적절한 경계에서 오는 나만의 공간이 필요하다. 이러한 안전한 공간을 확보하기 위한 노력은 국가 간의 영토 싸움에서, 작게는 가정에서 자기 방이나 서재를 갖기 위한 작은 다툼에서도 엿볼 수 있다. 이렇게 사람들은 외부에서 자기를 보호할 수 있는 적절한 공간이 필요한데 이러한 공간은 외부 세계에서의 물리적 영역뿐만 아니라 내적 세계의 심리적 영역에서도 필요하다.

이러한 영역은 나와 타인의 관계와 상황에 따라서 본인 스스로 결정하게 된다. 어느 정도의 영역을 허용하고 내가 어느 선까지 인정해 주느냐에 대한 결정은 전적으로 내 몫이다. 이것을 '경계선'이라고 한다.

경계선이 필요한 이유는 사람은 누구나 자기만의 독특한 세계를 원하고 있으며, 자기만의 비밀스러운 장소에서 편히 쉬기를 원하기 때문이다. 경계선이 제대로 형성되면 나와 타인과의 관계에서 내가 허용하고 싶은 만큼의 나의 영역과 상대방의 영역을 구분한다. 영역이 정해지면 안전한 선이 있기 때문에 상대방으로부터 자기를 보호할 수 있을 뿐만 아니라 다른 사람도 보호하며 존중할 수 있다. 그러므로 자신을 위해서나 타인을 위해서도 경계선을 적절하게 유지하는 것이 좋다.

반대로 자신의 경계선을 세울 수 없는 사람은 다른 사람들이 자신에게 상처를 주어도 그것을 방어할 힘이 없어 상처를 그대로 받는다. 상처를 받고 끝나는 것이 아니라 타인의 경계선을 침범하여 타인에게 해를 끼치는 악순환을 반복하게 된다.

경계선이 지나치게 경직되면 아무도 내 영역에 들어오는 것을 허락하지 않으면서 자신도 혼자가 되고, 스스로를 타인과 세상으로부터 소외시킨다. 반대로 경계선이 너무 느슨하면 다른 사람이 나의 영역에 부적절한 방법으로 들어오는 것을 막지 못하거나, 다른 사람의 사생활을 침해하게 된다.

따라서 인격적인 관계가 유지되기 위해서는 두 사람의 관계에서 신체적, 심리적, 물리적으로 건강한 경계선이 필요한 것이다.

인간관계에서 경계선은 중요한 역할을 하는데, 특히 부부관계는 경계선이 잘 지켜지지 않아 많은 문제를 일으키기도 한다. 부부 일심동체라는 논리를 어떤 관점에서 적용하고 해석하느냐에 따라 두 사람의 관계가 결정된다.

개인 핸드폰이나 메일을 상대방 허락도 없이 모르게 본다든지, 배우자의 행동을 일일이 간섭하면서 조정하려 하는 것은 사랑이라는 가면 뒤에 숨어 인격침해를 일삼는 집착의 결과물에 지나지 않는다.

부부관계처럼 긴밀한 관계에서는 본인의 영역과 배우자의 영역을 잘 구분하고 공유하는 것이 중요하다. 경계선이 지나치게 경직되어 있으면 친밀감 형성에 문제가 되고, 너무 밀착된 관계는 사랑을 벗어나 집착에 빠져 상대방을 숨 막히게 하는 문제를 낳게 된다.

·

건강한 경계선을 위하여

·

경계선이 제대로 지켜지지 않아 발생한 부부갈등은 두 사람의 문제로 끝나지 않는다. 해결되지 않은 문제와 갈등은 자녀와의 관계로 이어진다. 경계선이 분명하지 않은 부모는 자녀가 개인적인 비밀을 갖는 것을 용납하지 못한다.

자녀가 자기만의 공간에서 비밀을 간직하고 싶어 한다는 것은 부모의 그늘에서 벗어나 자기만의 세계를 구축하고 있음을 의미한다. 하지만 부모가 이런 상황을 이해하지 못하면 자녀를 일방적으로 통제하거나 억압하는 등 부정적인 문제들이 발생하게 된다. 건강한 부모라면 자녀를 독립된 인격체로 존중하면서, 스스로 선택하도록 돕는다. 자녀의 가치관과 뜻을 존중하지 않은 채 지나치게 부모가 간섭하거나 무리한 요구를 하게 되면 자녀만의 색깔이나 가치관, 생각이나 느낌에 대한 분명한 확신이 없어진다. 이렇게 되면 타인과의 관계에서도 자기만의 색깔이 없어 어느 것이 좋고 무엇을 해야 하는지 불분명하게 된다.

사람은 모두가 타인과 구별되는 독립된 개체이기 때문에 타인과 구분되는 것을 통해서 자신의 정체성을 유지할 수 있다. 이 경계가 불분명하거나 모호해지면 타인으로부터 자신을 보호하는 데 어려움이 따른다.

이러한 경계선 침범은 다양한 형태로 나타나기 때문에 주의가 요구된다. 자녀를 존중하되 무조건 자녀의 모든 행동을 인정하고 칭찬하라는 뜻이 아니다. 인정할 수 있는 것과 허용이 어려운 것을 구분하고, 서로가 충분히 이해할 수 있는 장을 만드는 훈련이 필요하다.

건강한 경계선을 위해 필요한 것을 좀 더 구체적으로 살펴보자.

첫째, 건강한 경계선이 유지되고 있는지 확인이 필요하다.

경계가 불분명하면 자신의 욕구나 감정을 제대로 표현하거나 해소하지 못하기 때문에 문제가 된다. 반대로 서로 밀착되어 예속되면 건강한 관계를 해치는 병리적 관계로 빠지게 된다. 부부와 가족 같은 특별한 관계일수록 적당한 거리를 유지하면서 존중하고 배려하는 것이 중요하다. 편하고 가까운 사이일수록 지키고 보호하는 일에 소홀하면 가장 소중한 것을 잃는 지름길이 된다.

둘째, 자존감을 세워야 한다.

여러 가지 문제를 만나거나 예기치 않은 환경이 되면 본인 스스로 자신은 자원과 능력이 없어서 해결할 수 없다고 포기하게 된다. 이런 배우자에게 자신에 대한 믿음을 갖도록 도움을 주는 것이 필요한데 이를 위해서는 두 사람의 신뢰가 무엇보다 중요하다. 상대방으로부터 받은 신뢰가 쌓이면 자신을 믿고 사랑하게 되지만 두 사람의 신뢰가 무너지면 자신을 믿고 사랑하는 일이 어려워진다. 문제 상황을 쉽게 해결할 목적으로 반복해서 도와주면 문제는 쉽게 해결되겠지만 배우자는 계속해서 상대방에게 의지하게 된다. 본인의 자원을 가지고 본인 스스로 문제를 해결하는 힘이 곧 자존감을 세우는 긍정의 에너지가 된다.

자녀와의 관계도 이와 같다. 다른 아이들과 비교하게 되면 자존감이 떨어져 열등감이라는 상처를 주게 된다. 지나치게 자녀에게 기대를 거는 행동은 자녀에게 심리적 부담을 준다. 이런 행동들은 심리적으로 위축이 되어 건강한 경계선 형성을 힘들게 한다.

셋째, 부부가 서로 성장에 초점을 맞추고 노력해야 한다.

현재 드러난 문제에 초점을 맞추다 보면 서로의 존재보다 드러난 현상에 집중하면서, 상대방을 탓하며 상처가 되는 말로 공격하게 된다. 현재의 고난을 두 부부가 건강하게 살아가는 데 필요한 과정이라 생각하고 서로가 성장한 모습과 인격에 초점을 맞추는 것이 중요하다. 성장 가능성에 초점을 맞추게 되면 현재 일어나고 있는 작은 갈등은 더 이상 걸림돌이 되지 않고 두 사람 관계를 더욱 돈독하게 만드는 디딤돌이 된다.

가족 토론방

질문 1: 경계선이 제대로 형성되면 상대방으로부터 자기를 보호할 수 있을 뿐만 아니라 다른 사람도 보호하며 존중할 수 있다는 점에서 중요한데, 이렇게 중요한 이유는 무엇이라고 생각하는가?

질문 2: 가족 구성원이 어려운 문제로 힘들어할 때, 내가 할 수 있는 것은 무엇이라고 생각하는가?

질문 3: 가족이 서로 밀착되어 경계선이 명확하지 않을 때 나타나는 현상에 대해 나누고, 대안은 어떤 것이 효과적인지 살펴보자.

자존감은 패스트푸드가 아니다

❖━━━━━━━━❖━━━━━━━━❖

수도권 대학을 준수한 성적으로 졸업한 A양은 4년째 취업 준비 중이다. 그녀는 취업 준비에 이렇게 많은 시간이 들어갈 것이라고는 전혀 예상하지 못했다. 현재 그녀는 부모님의 만류에도 시간제 아르바이트를 하면서 용돈을 벌어 쓰고 있다. 그녀는 취업 원서를 낼 때마다 원인 모를 불안감에 시달린다. '이번에 또 떨어지면 어떻게 하나'라는 생각이 들면서 등줄기에서 식은땀이 흐른다는 것이다.

몇 년째 이런 생활을 반복하다 보니 점점 자신감은 사라지고 불안과 두려움에 사로잡혀 스트레스가 이만저만이 아니다. 전공에 맞는 자격을 갖추고 있어서 나름대로 경쟁력이 있는데도 늘 결과가 좋지 않다. 그럴 때면 '외모도 경쟁력이 아닐까?'라는 생각이 들면서 자괴감이 몰려온다고 한다.

지금까지 살아오면서 외모 콤플렉스는 없었는데 '외모에 좀 더 신경을 쓰면 어떨까'라는 말을 들을 때면 고민이 된다. 취업이 안 되는 이유가 평범한 외모 때문인 것 같아 심경이 복잡해진다고 한다.

•

가치 있는 존재로 사랑하기

자존감이란 자기 자신에 대한 전반적인 평가의 척도를 의미한다. 즉

자기를 얼마나 사랑하고 삶을 높이 평가하는지에 대한 기준을 의미한다. '자신을 어떻게 평가하는가?'라는 질문에 스스로 긍정적이고 만족스럽다고 평가를 한다면 비교적 높은 자존감을 가진 것이다. 이는 자기를 있는 그대로 존중하고 사랑하면서 의미 있고 가치 있는 존재로 여길 때 나타난다.

자존감은 우리 삶의 모든 면에서 영향을 준다. 내가 나를 어떤 존재로 인식하는지에 따라서 타인과의 관계도 어느 정도 설명이 가능하다. 자존감의 정도에 따라 생활의 모습이 드러나고 인생관이 결정되며 관계의 수준이 좌우된다.

뿐만 아니라 자기에 대한 확고한 정체성이 정립되어 문제 상황과 역경에도 주도적으로 헤쳐 나가는 에너지가 강력하게 나온다.

자존감은 '자아 존중감'이라고도 하는데 이는 '자아상'과는 구별되는 개념이다. 자아상은 자신에 대해 갖는 이미지나 신념을 말한다. 어린 시절부터 '나는 누구인가?'라는 자아개념과 '너는 이런 사람이야'라는 주변 사람들의 평가가 어우러져 생겨난다. 주변 사람들이 대체로 나를 어떤 존재로 여기며 지칭했느냐에 따라 '아! 나는 이런 사람이구나!'라는 신념을 갖게 된다.

반면에 자존감은 자아상을 기반으로 그런 자기를 얼마나 좋아하고 사랑하는지를 평가하는 것을 말한다. 그래서 자존감의 중요성이 날로 커지고 있는 현실이지만 우리 사회는 안타깝게도 자존감 지수가 매우 낮다. 우리는 나의 가치와 존재가 어떤가에 관심이 많지 않았다. 존재 자체로 환영받지 못하고 사랑받을 만한 권리가 있다는 사실을 경험하지 못하면서 자랐기 때문이다.

사람은 '나와 너, 그리고 우리'라는 사회공동체의 울타리를 떠나서 생존할 수 없다.

자존감은 자신이 사회에 필요한 존재라는 믿음이 있어야 한다. 가장 작은 공동체인 가정에서 시작된 자존감은 사회와 국가라는 큰 공동체에서 '내가 얼마나 가치 있는 사람인가?'를 확인하는 자리가 될 것이다.

반면 사회가 무관심으로 일관하거나 공동체로부터 거부를 당하면 불안감이 커진다. '사회가 내 존재를 인정해 주지 않아'라고 느끼는 순간 자존감은 상처를 받기 시작한다. 사람은 타인으로부터 인정과 사랑을 받고, 필요한 존재라는 인식이 전제되어야 건강한 사회생활이 가능하다. '나는 가치 있는 사람이다'라는 생각이 삶으로 표현되어 공동체에 유익이 된다면 이보다 아름다운 삶은 없는 것이다.

자존감이 높은 자녀로 키우기

자존감이 높은 사람은 스스로 존재에 대해서 다른 사람과 절대 비교를 하지 않는다. 내 존재 자체가 가장 소중하다는 것을 누구보다 잘 알기에 나를 있는 그대로 존중한다. 여기서 그치지 않고 나를 소중히 여기는 만큼 타인도 존중하는 것이다. 그래서 다른 사람과 비교할 필요성을 느끼지 못한다.

그러나 자기 자신이 남보다 낫다며 비교하는 사람은 그 순간 존재감에 치명적인 상처를 받게 된다.

어느 사회든지 자존감이 높은 사람을 선호하는 것은 이것 자체가 경쟁력이기 때문이다.

사회에서 필요한 건강한 자존감은 하루아침에 세워지는 것이 아니다. '자존감 높은 자녀로 키우기'가 부모 뜻대로 되지 않는 이유가 여기에 있다.

자존감은 열정을 가지고 훈육하고 불타는 교육열로 가르친다고 해서 쉽게 세워지지 않는다. 스스로 도전해서 작은 성취감을 느껴 보고 쓰라린 실패도 경험할 때, 부모의 태도에 따라서 자연스럽게 삶에 스며들며 체득된다.

농부는 원하는 열매를 얻기 위해 씨를 뿌리고 인내하며 수확의 때를 기다린다. 지금 당장 곡식이 필요하다고 해서 거둘 수 없다. 씨 뿌리는 수고를 시작으로 땀 흘려 키우고 관리할 때 수확의 기쁨을 맛보게 된다.

자존감도 이와 같다. 아이가 성장하는 속도에 맞춰서 서서히 채워지고 다듬어지는 것이다. 명품은 하루아침에 탄생하지 않는다. 장인이 심혈을 기울여 한 땀 한 땀 정성을 쏟을 때 명품이 만들어진다. 자존감은 명품보다 많은 시간과 에너지가 들어가는 작품 중의 작품이다.

자존감은 부모가 장인정신을 가지고 자녀를 소중히 여기면서 온전히 사랑으로 채워 나갈 때 비로소 만들어진다. 지금 당장 필요하다고 해서 우물에서 숭늉을 찾는다면 어리석은 일이 아니겠는가? 아무리 급하고 중요한 것이라 하더라도, 속성으로 교육 몇 시간 받고 유능한 전문가의 코칭을 받는다고 하루아침에 갖춰지는 것이 아니다.

・

인간관계에서 시작되는 자존감

・

인간관계처럼 변화무쌍한 것도 없다. 사람의 생김새가 모두 다르듯이, 생각이나 삶의 내용, 가치관 등 어느 것도 같은 것은 없기에 서로 어우러져서 각양각색의 모습으로 살아가게 된다.

인간관계는 시시각각 변하는 감정에 따라서 영향을 많이 받는다. 그 순간 느껴지는 감정에 따라서 상대방이 긍정적으로 보이다가도 심기가 불편하면 금방 돌변한다. 그렇다고 상대방이 시시각각 가면을 바꿔 쓰고 나타나는 것이 아니라, 뇌가 오감을 통해 정보를 받아들이는 과정에서 보고 느낀 것을 감정이라는 통로로 표현하는 것이다.

인간관계는 시시각각 변하는 날씨와 같다. 변덕스럽기 그지없다. 사소한 갈등은 언제든지 일어날 수 있다. 그래서 갈등이 없는 인간관계는 사이가 먼 사람이거나 완전히 끊어진 사이 외에는 존재하기 어렵다는 말이 설득력을 얻는다.

인간관계는 인류애라는 본질이 삶의 현장에서 이런저런 모양으로 옷을 갈아입은 모습이라고 설명할 수 있다. 함께 어우러져 살아가고 있는 사람과의 인연을 내가 어떻게 인식하고 어떤 방식으로 규정하는가에 달렸다. 사랑과 우정 같은 긴밀한 관계부터 사회구성원으로서 적절한 분업과 협동 그리고 인류공헌에 이르는 원대한 일도 관계에서 시작해서 관계 안에서 결론이 난다.

삶은 문제의 연속이다. 수없이 일어나는 문제를 해결하는 방법은 대인관계에서 찾을 수 있다. 도구가 필요한 상황에서는 분업으로 전문성을 극대화해 필요한 것을 만들었고, 힘이 필요한 상황에서는 서로 협력하는 지혜를 발휘했다. 인간관계를 '사회성'이라고 부르는 이유를 여기서 찾을 수 있다.

사회성은 생후 3세까지 가장 많이 성장한다는 연구를 적용하면 엄마와의 관계에서 처음 시작되는 능력이라고 해도 틀린 말은 아니다.

엄마가 관심과 애정을 갖고 자녀에게 힘을 실어 주면 아이는 자신감이 싹튼다.

사랑과 관심을 받은 아이는 타인과의 사회적 관계에서 탁월하다. 다른 사람이 어떤 의도를 갖고 말을 하고 어떤 표정을 지으며 목소리에 담긴 감정이 무엇인지 파악한다. 잘 발달된 사회성은 다른 사람을 있는 그대로 존중하고 마음을 헤아리며 편안하게 배려하는 감정을 지녔다는 뜻이다.

갓난아기의 옹알이를 무심하게 받아들이는 엄마는 없다. 단순한 옹알이가 아니라 생존을 위해 보내는 신호일 수도 있다. 그래서 엄마는 아기가 보내는 신호에 신속하게 반응을 한다. 이 신호에 지속적이고 일관되게 반응해 줄 때 마음도 전달된다. 이렇게 전달된 마음은 믿음이라는 강력한 에너지가 되어 자녀에게 영향을 준다.

'너는 소중한 존재다', '있는 그대로 좋아하고 사랑한다', '오직 너에게 집중하고 있고, 네 말에 귀를 기울이고 있다'라는 마음의 소리로 자녀에게 전달된다.

이런 엄마의 마음이 아기에게 전달되면 '이 넓은 세상에 나 혼자가 아니구나'라는 확신과 함께 '나는 참 괜찮은 사람이다'라는 마음이 자라서 세상과 맞서는 에너지가 된다. 이런 확신은 자신을 소중하게 여기면서 타인을 너그럽게 포용하는 힘을 갖게 한다.

질문 1: 자기 자신을 있는 그대로 존중하고 사랑하며 스스로 가치 있는 존재로 여기는 마음이 자존감이라면, 이것을 높이기 위해 노력하는 동안 예상되는 문제점과 해결방법은 무엇이라고 생각하는가?

질문 2: 자존감은 사람이 사람답게 살아가는 데 중요한 요소로 전 세계가 주목하고 있다. 자존감이 낮을 때 나타나는 문제와 사회적 현상과는 어떤 연관성이 있는가?

질문 3: 인간관계를 기반으로 하는 사회성이 자존감 향상에 영향을 준다고 생각하는가? 영향을 준다면 그 근거는 무엇인가?

9
자녀는 부모의 뒷모습까지 보고 배운다

✦━━━━━━━◆━━━━━◆━━━━━━━✦

사바나 열대초원에 집단서식을 하는 임팔라는 태어나서 어떻게 살 것인가를 고민할 필요가 없다. 본능적으로 생존에 필요한 행동지침을 알고 있기 때문이다. 무리로부터 보호를 받는 방법과 어떤 행동이 무리를 위태롭게 만들고 어떻게 해야 천적에게서 벗어날 수 있는지 가르쳐 주지 않아도 본능적으로 안다.

쉽게 설명하면 이렇다. 동물은 태어날 때 본능이라는 그릇에 생존에 필요한 거의 모든 것을 담아 태어나지만, 사람은 본능이라는 그릇만 덩그러니 가지고 태어난다고 할 수 있다. 생존에 필요한 모든 과정을 양육자와 함께 몸으로 부딪치고 체득하는 경험을 통해 하나하나 축적해 나간다.

명품이 진짜 명품이 되기 위해서는 그 이름에 걸맞은 품격이 있어야 하듯, 소중한 존재로 태어난 사람은 누구나 소중한 존재로 채워져야 한다. 작은 몸짓 하나, 스쳐 지나가는 일에도 온 신경을 기울여 반응하고 적응하면서 하나하나 만들어져 가는 것이다. 그래서 양육자와 주고받은 작은 몸짓이 어떤 느낌이고, 그 정서가 무엇인지 어느 것 하나 소홀히 여기지 않는 이유가 여기에 있다.

동물이 어미로부터 독립을 빨리하는 이유는 생존에 필요한 것이 이미 본능이라는 그릇에 담겨 있기 때문이다.

가족,
넌 괜찮니?

어린 시절의 시골 풍경은 아직도 내게 아름다운 정서를 제공해 준 좋은 추억으로 남아 있다. 어미 소가 새끼를 낳는 날이면 온 가족이 분주해진다. 새로운 식구인 송아지를 맞을 준비를 하기 위해서다. 어미 소가 갓 태어난 송아지를 핥아 주면 양수가 다 마르기도 전에 다리에 모든 에너지를 집중한다. 그리고 본능적으로 어미 소의 젖을 빨아 먹는다. 어느 정도 배가 채워지면 어미 소를 뒤로한 채 이곳저곳을 누비고 다닌다. 젖을 먹는 시간을 제외하고는 이리저리 뛰어다니며 어미 소와 숨바꼭질하기 바쁘다. 그렇게 송아지는 6개월이면 어미 소로부터 독립하고, 1년이 지나면 임신이 가능한 어미 소로 성장한다.

태어나서 미성년자로 20년 가까이 부모의 품에서 돌봄과 양육을 받는 동물은 지구상에 사람밖에 존재하지 않는다. 사람이 장성해 건강한 사회구성원이 되고 독립된 가정을 꾸리기까지 오랜 시간과 에너지가 들어간다. 우리나라의 경우 만 19세까지 미성년자로 규정하여 친권자와 후견인을 통해 보호하도록 법으로 제도화한 것만 보더라도 쉽게 알 수 있다.

.

자기 주도적인 삶은 가정에서 나온다

.

사람은 누구나 사회성이라는 그릇을 가지고 있다. 이 말은 혼자 살 수 없다는 뜻을 의미한다. 이 그릇에 건강한 열매를 담으려면 부모의 품을 떠나 다른 사회의 구성원이 되는 수고가 있어야 한다.

예를 들어 유치원에 갓 입학한 아이는 간식을 친구들과 나누어 먹으며 왜 질서를 지켜야 하는지, 친구와 어떻게 관계하며 생활해야 하는지 배우고 익혀야 한다. 이렇게 사람은 관계성을 통해 새로운 것을 경험하며 습득하여 사회적 존재로 세워져 나간다. 이때 양육자의 삶과 양육 태도가 중요하다. 자녀는 부모의 삶과 몸으로 표현된 행동을 보고 따라 배우는 '그림자'로 살아간다. 그래서 인생을 이렇게 표현하기도 한다.

"인생은 태어나 30년 동안은 자녀로 살고, 장성해서 결혼하면 자녀를 낳아 30년을 키우며 살고, 나머지 30년은 손주들 재롱과 성장을 보면서 인생을 마친다."

이 세상에서 우리나라의 부모들처럼 자녀에게 모든 것을 투자하고 희생하면서 최선을 다하는 부모가 또 있을까? 자녀를 위해서라면 빚을 내서라도 뒷바라지를 하고 온몸이 마르고 닳는 희생을 치르더라도 그 열정은 식지 않는다.

부모가 자녀를 위해 헌신하는 것을 잘못이라 말할 수는 없다. 그러나 공부 잘하고 똑똑한 것이 전부인 것처럼 여기면서 공부에만 목숨을 거는 것은 부모와 자녀 모두에게 불행한 일이다.

사람의 뇌는 어느 한 상황에 몰입하면 주변에 다른 일이 일어나도 눈에 들어오지 않는다. 눈으로 보는 것만 그런 것이 아니다. 하루에도 헤아리기 어려울 정도로 많은 생각을 하면서 살아가지만, 지금 몰입하고 있는 한 가지 생각 외에는 다른 생각을 동시에 할 수 없다.

'자녀 바라기'로 에너지를 쏟고 있는 것 자체가 자녀에게 긍정적인 영향을 주기보다는 오히려 버거운 부담을 준다. 양육을 위해 헌신의 노력을 다함에도 불구하고 부모도 만족하지 못하고, 자녀 또한 행복하지 않은 상황이 오늘도 재연되고 있으니 안타까운 일이다.

자녀를 위한다는 마음에서 시작된 일들은 그 명분을 잃고 빛이 바래 오히려 자녀를 넘어지게 하는 요인이 되고 있다. 주변에 늘어나는 소아정신과만 보더라도 우리 주변에 얼마나 많은 치료가 필요한 상황인지 알 수 있다.

학교 안에서도 예전에 사용하지 않던 신조어와 문화들이 나오고 있다. 그 대표적인 말이 '학교폭력'이라는 말이다. 이 말은 사람답게 살기 위해 배우고 익혀야 할 학습의 현장에서 인격을 훼손하는 끔찍한 일이 벌어진다는 점에서 우려가 된다. 밝게 성장해야 할 청소년이 폭력에 노출되어 씻을 수 없는 상처를 주고받는 것은 모두에게 불행한 일이다.

"왜 맞고 들어왔어? 바보처럼! 때려 주고 와도 시원하지 않은데~"

어린 시절 이런 말 한 번 정도 하지 않고 자녀를 키우지 않은 부모가 없을 정도로 익숙한 말이다. 맞고 들어 온 자녀를 보고 속상한 부모가 무심코 던진 말 한마디가 '때에 따라서는 폭력을 사용해도 된다'라는 말로 인식될 수 있다. 과격하고 사나운 행동을 보였을 때 '기 죽이지 않는다'라는 부모의 그릇된 생각을 바꾸지 않으면, 자녀의 잘못된 행동이나 습관은 두고두고 악습으로 작용할 가능성이 크다.

학교공동체는 평생을 살아가는 데 기초가 되는 사회성을 배우는 현장이다. 가정에서 부모를 통해 배우고 경험했던 모든 내용을 다시 꺼내서 활용하고 적용하는 과정을 거친다. 이때 경험되고 확인된 결과들이 에너지가 되어 사회생활을 이루는 밑거름이 된다.

자녀가 학교에서 싸우거나 다치고 온 상황을 설정해 적용해 보자.

어느 부모가 자녀의 이런 상황에 눈이 뒤집히지 않겠는가? 참고 조용히 넘어간다고 해서 해결되는 문제는 아니다. 적극적으로 해결하는 것이 중요한데, 부모가 전면에 나서는 것보다 자녀 중심으로 해결해 나가는 방법을 선택하는 것이 좋다.

욱한 마음이 앞서면 자녀를 위한다는 명분 아래 학교에 찾아가서 강력하게 항의하거나 한바탕 소란이 일어난다. 속은 후련할 것이다. 그러나 자녀는 중요한 삶의 자리다. 학교에 다녀야 하고, 선생님과 친구들이 함께하는 곳이다. 부모가 자녀의 의견을 간과한 채 부모가 원하는 대로 문제를 해결한다면, 결과와 상관없이 명분도 잃고 자녀와의 관계도 힘들어지는 결과를 초래할 가능성이 크다.

·

성취감과 좌절감이 주는 유익

·

사람은 사회공동체를 중심으로 살아간다. 사회성이 중요한 이유다.

가장 작은 사회인 가족공동체에서 이보다 큰 학교공동체로 사회성을 넓혀 가는 과정에서 발생한 일은 미성년자라 하더라도 당사자가 주체가 되어 책임감 있게 마무리하도록 도와주어야 한다. 전면에 나서서 해결하는 일은 보호자인 부모의 역할이지만, 그 과정에서 자녀의 의견을 수렴하는 동시에 책임지고 감당할 부분에 대해서도 충분한 논의가 되어야 한다.

일을 처리하는 과정에서 부모의 작은 실수 하나가 자녀의 사회성에 손상을 입히는 일은 없어야 한다. 문제가 해결된 후에도 학교와 선생님이 멀리 느껴지고 친구들 얼굴 보기가 민망해 학교생활 자체가 힘들어지는 일은 만들지 않았으면 한다.

자녀가 조금 힘들고 어려움을 호소한다고 해서 그 문제를 해결해 주기 위해 이리저리 뛰어다니는 것은 자제해야 한다. 부모가 뛰어다니며 해결해 준 만큼 자녀는 문제해결 능력을 잃어버린다는 사실을 기억해야 한다.

본격적으로 사회생활을 시작하기 전에 학교공동체를 통해 많은 것을 경험하는 것이 중요한데 문제해결 능력 또한 마찬가지이다. 용기를 가지고 도전하여 '성취감'도 느끼고 '좌절감'도 경험하는 것이 중요하다. 젊음은 도전을 통해 '성취와 좌절'이라는 친구를 사귀는 과정이라 할 수 있다. 학교생활에서 이런 과정을 경험하지 못하면 용기 있게 사회로 나가 독립적인 삶을 살 수 없게 된다. 부모가 자녀를 평생 책임지고 뒤치다꺼리를 해야 하는 가장 가슴 아픈 상황을 만들지 않았으면 하는 마음이다.

간혹 부모들이 이런 말을 할 때면 가슴이 철렁 내려앉는다.

'자녀가 물 한 방울 손에 묻히지 않도록 키우겠다'라고 말이다.

이 말은 때에 따라 저주가 될 수 있다. 사람은 모두 자신의 삶을 살아야 가치가 있다. 다른 사람이 대신 살아 줄 수 없다. 부모라고 하더라도 예외가 될 수는 없다.

부모가 자녀를 대신해서 문제를 해결해 준다면, 자기가 맡은 일을 책임지거나 주도적으로 해결하지 못하는 성인이지만 미숙한 아이의 삶을 살게 될 뿐이다.

질문 1: 자녀에게 모델이 되어 준다는 것은 어떤 의미인가?

질문 2: 자녀가 기대하는 모델은 어떤 것이 있을까?

질문 3: '건강한 부모 모델'이란 어떤 조건을 갖추는 것이라고 생각하는가?

10
자녀는 하늘이 내린 선물

◆━━━━━━━━◆

부부가 결혼과 동시에 경험하는 세계는 결혼 전 연애 과정과는 확연하게 다르다.

부부로서 경험하는 일 중에 그 어느 것보다 의미 있고, 평생 소중한 기억으로 간직하는 일은 첫 아이를 출산할 때다. 두 사람의 사랑의 결실로 이 세상에 단 하나밖에 존재하지 않는 유일무이한 생명체가 두 부부에게 선물로 주어졌으니 가장 경이로우면서도 신비로운 경험이라 하겠다. 그래서 사람들은 자신의 인생에서 가장 보람되고 가치 있는 일인 동시에 가장 힘들고 책임감이 따르는 일이 자녀의 출산과 양육이라고 입을 모은다.

부모는 기본적으로 자녀의 신체적인 건강뿐만 아니라 정서적 필요와 사회적 요구에 이르기까지 책임을 지며 양육하게 된다. 그런데 부모의 역할은 하나같이 표현하기 어려울 정도로 막중한 책임이 따른다.

하지만 우리 사회는 부모 역할에 대해 적절한 준비와 양육훈련을 전문적으로 하는 곳도 거의 없고, 간접경험이나 체험을 할 수 없는 현실이다.

이렇게 생각해 보자. 자동차를 직접 운전해 전국 일주를 하려고 준비하는 사람이 있다. 투어를 위해서는 필요한 경비부터 비상 식품에 이르기까지 준비할 내용이 만만치 않다. 그중에 가장 중요한 것이 바로 운전면허증과 운전 경험이다. 여행에 필요한 준비물은 대부분 돈으로 해결이 되겠지만, 자동차를 직접 운전하는 여행을 계획했다면 반드시 국가가 인정하는 운전면허증이 있어야 한다.

자녀 양육을 자동차 운전면허 취득과 비교하는 것 자체가 적절하지 않을 수도 있다. 그러나 의미하는 바는 크다. 복잡하고 정교한 최첨단 기술로 만들어진 자동차지만 엄밀히 따지고 보면 부품 덩어리에 불과하다. 자동차를 운전하는 데도 신체검사를 비롯한 각종 시험과 도로 주행까지 합격해야 비로소 자격을 인정해 주는데, 하물며 우주보다 더 복잡하고 정교한 마음을 가지고 태어난 자녀를 양육하는 일에는 그 흔한 학원도 찾기 어렵다.

원하는 대학에 들어가려고 학교 공부도 모자라 사교육에 재수까지 감행한다. 여기서 끝이 아니다. 취업은 전쟁 그 자체다. 어디가 시작이고 끝인지 모를 시간과 에너지를 있는 대로 모두 투자한다.

그러나 건강한 가족을 이루는 데 근본이 되는 자녀 양육에 대해서는 소홀히 여긴다. 양육은 가정과 후대의 명운을 가름하는 것인데도, 자연스럽게 거쳐 가는 과정 정도로 생각하고 안일하고 대수롭지 않은 태도로 일관한다.

그래서일까? 대개 부모들은 자녀의 출생 이후에야 양육의 문제를 고민한다. 사전에 진지한 고민이나 준비가 전혀 없었기 때문에, 하는 수 없이 실전에서 수많은 시행착오를 겪는다. 혼란스러운 양육의 과정은 고스란히 연약한 자녀가 감당해야 되는 아픈 현실이 된다.

부부는 자녀가 하늘이 주신 선물이라는 감사와 함께 자녀를 맞을 준비를 철저히 해야 한다. 부모의 역할은 가장 영광스러운 축복인 동시에 한 생명을 양육한다는 점에서 마음의 무게가 상당하다. 갓 태어난 생명체를 사랑으로 보듬어 사람답게 양육한다는 것은 가장 가치 있고 영광스러운 일이다. 한편으로는 어렵고 부담스러운 역할이지만 가장 보람 있고 가치 있는 일이 부모 역할인 셈이다.

진정성 있는 행동이 먼저다

어쩌다 아이가 잘못이라도 하면 매를 들거나 소리를 치며 상처가 되는 말들을 쏟아 낸다.

"쟤는 누구 닮아서 저래" "참 잘하는 짓이다. 넌 뭐가 되려고 그런 짓을 해" 등등 아이의 입장이나 마음은 아랑곳하지 않고 자신들의 감정만 쏟아 낸다.

아이는 '아픈 상처'라고 말하지만, 부모는 '사랑과 관심'이라 말한다.

아이는 '잔소리 좀 그만하라'라고 하소연하지만, 부모는 '다 너 잘되라고 하는 말'이라고 한다.

사실 우리나라의 부모들처럼 자녀를 위해 희생하며 온전히 사랑하는 사람이 또 있을까? 교육에 대한 열정은 세계에서도 독보적이라 따라오지 못한다. 부모에게 자녀는 그 존재만으로도 감사이고 축복이다. 이와 같은 마음을 가진 부모이기에 내 자식 잘되라고 잔소리 좀 할 수 있지 않느냐고 반문한다.

그러나 기억해야 한다. 아무리 좋은 말이라도 자녀가 싫어하고 상처가 된다면 진지하게 고민하고 말해야 한다.

부모가 말로 의사를 전달했음에도 자녀가 듣지 않을 때는 조금 여유를 갖고 기다려야 한다. 기다리기 어렵다면 먼저 진정성 있는 행동을 보여 주는 것이 필요하다.

이렇게 부부는 자녀를 위한 준비가 필요하다. 자녀의 출산에 대해 준비를 한 부부는 유대감이 오히려 증가하고 부부관계가 대체로 더 좋아진다. 반면에 아무런 준비 없이 자녀가 태어나면 양육하는 과정에서 오히려 결혼생활의 만족도가 떨어진다는 연구 결과가 있다.

가족치료의 세계적인 권위자인 데이비드 올슨 박사는 5만 쌍의 부부를 대상으로 결혼만족도를 조사했다. 그 결과 부부가 자녀를 낳으면서 결혼만족도는 82% 낮아졌고, 양육 방법에 갈등을 겪으면서 불만을 호소하는 경우가 63%에 달한다고 했다.

자녀는 하늘이 내린 위대한 선물이지만, 부부가 하나 되어 함께 준비 과정을 거치지 않으면 사랑하는 부부관계마저 위태로울 수 있다는 뜻이다.

또한, 부부가 두 사람에 우선순위를 두기보다는 자녀에게 오히려 더 많은 관심을 기울이면 부부생활에서 64%가 불만이 되어 심각한 상황에 빠진다고 한다. 자녀가 태어나기 전에는 부부가 오직 두 사람을 위해서만 시간과 에너지를 사용하며 관리하지만, 자녀가 태어나는 순간 거의 모든 시간과 에너지가 자녀에게로 향한다.

두 사람이 마음을 하나로 묶지 않으면 심각한 문제가 일어나게 된다. 서로를 바라보면서 서로의 필요한 부분을 채워 주는 지혜가 어느 때보다 중요하다. 사소한 것이 오히려 부부의 발목을 잡는 경우가 생기기 때문에 서로에게 집중해 스트레스를 줄이는 노력이 필요하다.

질문 1: 부모에게 자녀는 어떤 의미로 자리하고 있는가?

질문 2: 부모 역할에 대해서 적절한 준비와 양육훈련을 전문적으로 받아 간접경험을 쌓을 수 있는 시스템이 된다면, 구체적으로 활용하고 싶은 프로그램은 무엇인가?

질문 3: 부모와 자녀의 바람직한 관계를 위해 지금 당장 할 수 있는 것은 무엇이고, 이것을 실천하는 데 예상되는 문제점은 무엇인가?

3부

가족 학교

1
가족이라는 울타리

◆━━━━━◆━━━━━◆

'가족'이라는 말처럼 사람들에게 다양한 감정을 불러일으키는 것도 없을 것이다. 가족이라는 말을 듣는 순간 따뜻하고 포근한 감정이 올라오면서 언제든지 달려가 쉴 수 있는 안식처라는 이미지가 떠오른다면 참 행복한 사람이다.

이와는 반대로 생각하는 것조차 지긋지긋하고 고통을 가져다주는 상황도 있을 것이다. 이런 경우라면 가족공동체는 쉼과 안식을 만들어내는 행복발전소가 아니라 미움과 고통만 생산하는 갈등공장으로 전락하게 된다.

우리는 왜 가족이라는 말에 울고 웃는 것일까?

'가족'은 우리 존재의 본고장이자 사회적 소속감의 근원이고 우리 삶의 모체이기 때문이다. 가족이 함께 어우러져 울고 웃을 수 있다면, 고통이 난무하는 세상살이라도 한결 여유를 갖고 적응할 것이다. 이처럼 가족 안에서 인정과 소속감이 있으면, 세상도 살 만하다 느껴지고 처음 만나는 사람들과도 무리 없이 어울리는 사회적 소속감의 에너지도 나온다.

요즘처럼 세상살이가 힘들고 각박해질수록 사람들은 가까운 사람으로부터 격려와 위로를 받기를 원한다. 그 역할을 가족공동체가 해 주기를 갈망하지만 원하는 만큼 채워지지 않아 힘든 현실이라고 말한다.

이런 현상은 우리나라뿐만 아니라 지구상의 모든 사회구조에서 찾

가족,
넌 괜찮니?

을 수 있는데, 가족이 중심역할을 하고 있음을 쉽게 발견하게 된다. 가족을 인간관계에서 가장 중요한 것으로 믿기 때문에 고귀한 사랑과 헌신을 아낌없이 내어주는 것이다.

우리나라의 경우 혈연 중심의 인간관계가 강해, 다양한 인종과 문화에 대한 유연성이 약하다. 전쟁과 같은 역사적 아픔과 두레나 품앗이 같은 사회적 관계를 에너지가 적게 들어가는 혈연관계로 승화시킨 것이다.

엄밀히 따지자면 진정한 혈연으로 뭉친 '가족 중심'이 아니라 '가족 확장'이라는 표현이 더 가까운 것일지 모른다.

시장이나 음식점에 가면 나이 지긋한 중년 아저씨가 젊은 아가씨에게 '이모'라는 호칭을 너무도 쉽게 한다. 분명 모르는 사람이다. 그런데 가족이나 친척에게 사용하는 '이모', '언니', '삼촌' 등을 언급하는 데 스스럼없다.

여기서 그치지 않는다. 단골집의 풍경은 더 기이하다. 음식점 주인을 아빠와 엄마라고 거리낌 없이 부르는데 오히려 친근하고 격이 없다면서 좋아한다.

겉으로 보기에는 가족이 혈연 중심에서 좀 더 넓게 확장되었으니, 긍정적 측면으로 작용하는 것 아니냐고 반문할 수 있다.

하지만 '가족'이 삶에 중요한 가치를 지니는 가족 중심이라면 문제가 되지 않으나, 가족체계가 와해 되어 나타나는 또 다른 사회적 현상이라면 안타까운 일이 아닐 수 없다. 우리 사회는 긍정적 측면보다는 부정적 측면이 더 강하게 작용하기 때문에 문제가 되고 있다.

가족이라는 울타리가 쉼과 안식이 되어, 포근하고 따뜻한 공간이라는 보편적 의미가 충족되었으면 한다. 부정적 의미가 강하여, 채워지지 않는 가족의 정을 확장된 가족에서 찾는 이중적인 모습이 나오지 않았으면 하는 마음이 간절하다.

·

인간관계의 딜레마

·

인간관계처럼 우리의 삶에 영향을 주는 요소가 또 있을까? 매우 중요한 영역이다.

사람은 누구나 태어나서 죽을 때까지 타인과의 관계 속에서 서로 마음을 나누며 함께 살도록 만들어진 존재다. 사람이 환경에 대한 적응력이 남다르고 탁월하여 사회적 동물이라고 하는 이유도 이런 맥락이라 하겠다. 그래서 인간사회는 나 홀로 독불장군들이 많으면 많을수록 건강한 사회로 보기 어렵다.

그물망처럼 얽힌 사회에서 생존하기 위해서는 자기 정체성을 세워 자기다운 삶을 살아야 한다. 내가 세워진 삶은 타인과의 상호작용도 원활하게 한다.

특히 우리나라는 굴곡진 역사와 전쟁의 아픔을 트라우마로 가지고 있는 나라다. 아픈 역사적 트라우마로 인해 집단적 혼란이 국민의 삶에 고스란히 녹아 있어 사회현상으로 나타난다.

그 대표적인 문제가 바로 관계의 어려움이다. 서로를 의지하며 정을 나누던 문화는 서서히 사라지고, 인간관계의 어려움에서 오는 오해와 불신이 '나 홀로 족'이 급증하는 기이한 사회적 현상을 만들어 내고 있다.

물론 대가족에서 핵가족으로 가족 형태가 바뀌면서 오는 현상 중 하

가족,
넌 괜찮니?

나라는 것을 부정하지 않을 수 없다. 그러나 이 모든 것을 고려할 때, 나 홀로 족이 증가하는 속도가 너무 빠르게 나타나는 것은 바람직한 현상이 아니다.

힘들고 어려울 때 손을 잡아 주며 '힘내! 내가 응원할게'라며 격려해 주는 진정한 친구를 찾기 어렵고, 삶의 터전을 잃어 희망조차 없다고 했을 때 서로를 일으켜 세우며 등을 토닥여 주면서 위로하고 힘을 북돋워 주던 이웃이 점점 사라지고 있다.

가진 것은 없어도 작은 것을 나누던 정겨운 문화도, 경제 논리와 성공 지상주의에 밀려 아득한 추억 속 이야기가 된 지 오래되었다. 사람 좋은 향기는 사라지고, 돈에 찌들고 성공에 목매는 불쾌한 냄새가 진동하는 서글픈 세상이 되어 가고 있다.

우리나라는 일의 과정보다는 결과를 중요하게 여긴다. 일을 시작하게 된 동기와 땀 흘리며 수고하는 과정도 결과 못지않게 중요한데, 오롯이 결과에만 집중하다 보니 과정에는 소홀할 수밖에 없다.

페어플레이가 실종된 승리는 금메달이라 하더라도 영광스러운 것이 아니라 불명예의 대상이 된다는 것을 기억해야 한다.

2018년 평창 동계올림픽이 대단원의 막을 내렸다. 하지만 이 올림픽은 전 세계의 스포츠계에 많은 숙제를 남긴 대회이기도 하다. 문제의 발단은 2016년 리우 올림픽을 앞둔 시점에 러시아 선수들이 금지된 약물을 복용하면서 불거졌다. 세계반도핑기구는 사건의 심각성을 인지하고 즉각 해당 증거를 확보하는 한편 실태 조사를 했다. 그 결과 2012년 런던올림픽과 2014년 소치동계올림픽에서도 조직적인 약물 위반과 테스트 조작이 이루어진 것으로 확인되었다.

이에 2018년 평창 동계올림픽에서는 적발된 선수들이 국가 자격으로 출전하는 권한을 박탈하고, 개인 자격으로만 출전을 허용하는 강력한 조치가 있었다.

이처럼 정해진 규칙을 지키지 않고 얻어 낸 승리는 진정한 승리가 아니다. 영광의 상징이었던 금메달이 오히려 불명예의 상징이 되어 얼굴을 가리는 수치를 감수해야 한다. 이것이 스포츠 정신이다.

옳은 일과 마땅히 행해야 할 도리를 가르치고 상식적인 삶이 되도록, 자녀를 건강하게 양육해야 할 이유가 여기에 있다. 우리는 과거의 역사에서 인간다움의 가치보다는 성공을 지향했고, 건전한 가족문화보다는 경제적 풍요를 더 선호하는 정책을 폈다. 이러한 의식과 문화가 결국 우리 사회 전체를 힘들게 하는 걸림돌이 되고 있다.

가족 토론방

질문 1: 가족이라는 말을 듣는 순간, 어떤 이미지가 떠오르는가? 따뜻하고 포근한 느낌이라면 무엇 때문인가? 부정적인 이미지라면 이유는 무엇인가?

질문 2: 평소 가족에게 불만이 있을 때, 어떻게 대처하고 있으며 이를 해결하는 방법은 무엇인가?

질문 3: 가족체계에서 일어나는 갈등과 문제는 어떻게 해결하는 것이 바람직하다고 생각하는가?

가족,
넌 괜찮니?

2
가정은 최고의 교육기관

진정한 배움에 대해 정의하기란 쉽지 않다. 탈무드에서는 배움을 '누군가에게 가르침을 받는 것이 아니라 큰 사람 앞에 서는 것'이라고 정의했다. 인생 최고의 교육기관은 가정이고, 최고의 스승은 부모라는 점에서 시사하는 바가 크다.

동물은 본능을 가지고 태어나는데, 이 속에는 평생을 살아가는 데 필요한 대부분의 능력이 담겨 있다. 하지만 인간은 그릇의 형태만 가지고 있을 뿐 거의 비어 있어 양육자의 삶과 행동을 보고 흉내 내면서 인성을 세워나간다. 아이들의 가장 좋은 본보기는 부모이며 부모의 삶과 행동을 흉내 내는 것이 모든 인간교육의 기초가 된다는 뜻이다.

아이들은 가장 가까운 거리에서 부모의 삶을 자연스럽게 모방하면서 자기 삶의 기초로 삼는다. 교육기관이 사회생활에 필요한 기술을 가르치는 곳이라면, 가정은 삶에 대한 태도와 자세를 세워 인생의 가치를 마음 그릇에 담고 삶의 현장을 통해 체험하고 체득하는 곳이다.

모방 학습이 교육의 시작이라는 점과 자녀는 부모에게 가장 큰 영향을 받는다는 사실을 부정할 수 없다. 하지만 우리는 이러한 사실을 일반상식 정도로 취급하고 만다.

좀 더 능동적으로 실천하거나 경험하지 못하고 있다. 가장 큰 이유는 떳떳하게 보여 줄 만한 생활이 아니라는 것이다.

가정은 예방주사를 맞는 곳이다. 사회라는 공동체 생활에서 오는 수

많은 일을 처리하기 위해 마음의 근육과 면역력을 키우는 곳이 바로 가정이기 때문이다.

특히 아이들은 성장 단계라는 특수성 때문에 생각의 폭이 좁고 자기 중심적이어서 부모의 역할이 중요하다. 아이들은 모든 일이 자기를 중심으로 일어나고 사람들이 반응을 보이는 것도 모두 자기 때문이라고 생각한다. 칭찬을 받게 되면 자신을 가치 있는 소중한 존재로 인식하지만, 무시당하거나 거부당하면 자신을 탓하며 자기만의 공간으로 숨는다.

아이는 시행착오를 통해 삶을 배우고 경험하면서 인생을 배운다. 태어나면서 모든 일을 배우고 나온 사람은 없다. 살아가면서 직접 경험하고 수많은 시행착오를 거듭해서 배우고 익힐 때 강력한 힘을 가진다. 자녀가 도전했다가 실패하더라도 부모는 여유롭게 참고 기다려야 한다. 실패하고 시행착오를 일으키는 것이 안타까워 도와주면서 일일이 개입하고 참견하는 것은 매우 위험한 양육이다.

모든 사람은 인생을 처음 살아 보고 경험한다. 첫 경험들이 모여 인생이라는 보석이 된다.

천하의 부모라고 하더라도 예외 없이 적용되는 일반적인 원칙이다. 이 원칙에서 보면 부모 역할도 처음이고, 자녀 역시 처음 해 보는 첫 경험이라는 말이다.

그런데 부모는 전혀 그렇게 생각하지 않는다. 어느새 탁월한 인생 전문가가 되어 자녀의 인생을 조정하고 통제한다. 때론 앞장서서 자녀의 문제를 자신의 숙제라도 된 듯 대신 해결해 준다. 그러면서 자식을 사랑하기 때문이라는 명분을 내세운다. 본인 스스로 선장이 되어 인생 항로를 개척해 나갈 때 삶은 분명한 목적을 갖게 되지만, 자녀를 사랑한다는 명분을 앞세워 개입하기 시작하면 결국 자녀는 삶의 이유와 목적을 잃고 깊은 갈등과 무기력에 빠져들게 된다.

문제와 위기라는 높은 파도를 무서워하는 선장은 항구를 벗어나 드넓은 바다로 향할 수 없다. 항구에 배를 정박한 채 밀려오는 파도만 보며 한숨을 내쉬며 핑계를 댄다. '항해하고 싶어도 저 큰 파도가 문제'라고 말한다.

인생의 바다는 문제라는 파도가 쉬지 않고 몰려오는데, 이것이 두렵다면 한 발자국도 전진하기 어렵다.

자녀가 안쓰러워 힘든 일을 겪지 않도록 개입하고 간섭하면 할수록 자녀는 세상이라는 넓은 바다로의 항해를 포기한 채, 부모 품이라는 항구에 닻을 내리고 인생의 배를 묶어 둘 것이다.

하늘의 제왕 독수리는 새끼 독수리를 둥지 안에 머물게 하지 않는다. 새끼를 사랑하지 않는 어미는 이 세상 어디에도 없다. 독수리가 새끼를 아끼는 마음에 새끼를 둥지에 머물게 한다면 하늘의 제왕이 아닌 닭장 안의 독수리에 지나지 않는다. 둥지 밖은 온갖 위험이 도사리고 있다. 천적으로부터 자신을 보호하기 위해 부리와 발톱을 날카롭게 해야 하고 먹이를 구해야 하는데 날개에 힘이 약하면 아무것도 할 수 없다. 새끼 독수리가 어느 정도 자라 날개에 힘이 올라올 즈음 어미 독수리는 새끼 독수리를 데리고 높은 낭떠러지로 올라가 사정없이 떨어뜨리는 훈련을 한다. 새끼는 떨어져 죽지 않기 위해 죽을힘을 다해 날개를 퍼덕인다. 그저 새끼가 안쓰럽다고 보호만 할 경우, 하늘의 제왕이 아닌 천적의 먹이가 되는 것이 자연의 이치이다.

자연의 이치는 독수리에게만 적용되는 것이 아니라 사람에게도 예외 없이 적용된다.

자녀를 끔찍이 여긴다면 자녀를 자녀답게 키워야 한다. 독수리가 될 아이를 둥지 속에 품고 있으면, 닭장 속 병아리에 지나지 않는다. 아이가 해결할 수 있는 일인데도 부모가 나서게 되면 나 스스로 행동할 이유가 전혀 없게 된다. 세월이 흘러 물리적인 나이와 함께 성인이 된 후에도 부모를 떠나 독립하여 자기 인생을 산다는 꿈속을 거닐 뿐 현실로 나오는 법이 없다.

부모는 자녀가 스스로 경험하면서 자율적인 생활을 하도록 이끌어야 한다.

사춘기를 훌쩍 넘긴 후에는 무엇을 가르치거나 훈육을 하는 데 어려움이 따른다. 고기도 먹어 본 사람이 잘 먹듯, 사춘기 이전부터 도전과 실패에 익숙한 환경을 만들어 주는 것이 바람직하다. 품 안의 자식으로 있을 때 시기를 놓치지 않는 것이 지혜로운 것이다. 적절한 시기를 놓치면 부모가 평생 자녀를 부양(?)하는 저주에 가까운 상황이 벌어질 수 있으니 말이다.

·

자녀를 위한 교육 가치 세우기

·

아이가 만 3세가 되면 본격적인 교육과 훈육이 이루어진다.

'내 아이를 어떻게 양육할 것인가?'

'어떻게 가르치고 교육하는 것이 좋은가?'

부모의 역할 중에 가장 먼저 해야 할 일이 바로 이것이다. 아이의 성향을 파악하여 가장 적절한 훈육을 고려해야 한다. '아이에게 무엇을 가르칠까?'보다는 '어떤 자극을 줄 것인가?'에 가치를 두는 것이 바람직하다. 그리고 부부가 한마음으로 양육을 의논하고 협력하는 것이 중요하다. 교육에 대한 부모의 정체성이 흔들리면 아이는 순간순간 갈등과 불안으로 자유롭지 못하다.

학령기가 될 때까지 아이는 충분히 놀아야 한다. 부모와 많은 시간을 보내며 다양한 경험을 하는 것이 중요하다. 많은 것을 배우는 것보다 부모와 안정적인 애착을 통해 정서적 안정이 우선 되어야 한다. 정서가 안정되면 매사에 호기심을 가지고 행동하는 데 거침이 없다. 자연 속 이치에서 더불어 살아가는 생리를 경험하면, 자기만 아는 이기적인 성격이 아닌 이타적인 성격이 형성된다.

그런 다음에 자발적인 동기와 에너지로 학습이 시작되면 건강한 효율성이 나온다. 공부하는 습관은 이때부터 가능하다. 하루 5분 내지는 10분 정도 규칙적으로 재미있게 그림책을 보거나 블록 놀이나 보드게임을 해도 좋다. 책상에 앉는 연습도 필요하다. 단 1분을 앉아 있더라도 허리를 펴고 바른 자세로 앉도록 지도하는 것이 핵심이다. 공부가 일처럼 힘들고 부담되고 짜증 나는 과제가 아니라 자연스러운 일상이 되어야 한다.

·

내면의 힘 기르기

·

우리의 내면은 다양한 이미지와 신념들을 모아 놓은 꾸러미라고 할 수 있다.

내가 나를 어떻게 보고 생각하는가는 삶의 모든 부분에 영향을 미친다. 스스로 괜찮은 사람으로 인식하면 타인의 평가에 따라 흔들리지 않는다. 남들의 눈치를 보며 지나치게 의식하거나 주관적인 평가에 연연하지 않게 된다. 주체의식을 갖고 친구나 연인을 선택하고 자신이 선택한 것에 대한 책임과 의무를 다할 뿐만 아니라 생활과 진로에 대한 소신으로 결정을 한다.

세상은 넓고 크지만 내가 탐험하고 경험한 것만 내 세상이다. 나를 둘러싸고 있는 세상을 탐험하고자 하는 의지가 있을 때 삶의 기술을 익히고 독립적인 존재가 될 수 있다.

이때 부모의 역할이 중요하다. 안내자가 든든하면 처음 가는 길도 어렵지 않은 것처럼, 사랑으로 응원하며 인생의 방향을 잡아 준다면 자녀는 두려움을 떨쳐 버리고 안전하게 도전하게 된다.

넓은 세상에 대한 도전장은 아이가 부모를 믿을 때 낼 수 있는 카드다. 작은 성취에서 오는 기쁨과 좌절에서 오는 내면의 힘을 통해 생겨나는 것이다. 자녀가 안쓰러워 도전의 기회를 막거나 고난이나 고통을 사전에 차단하여 평탄한 길만 가도록 부모가 앞장서서 방패막이 되어 준다면 자녀는 넓은 세상이라는 무대를 탐험하고 도전하는 일을 멈추게 된다.

부모가 자녀의 고난과 역경을 막아 줄 경우, 그것으로 끝나면 얼마나 좋겠는가? 역경이 한 번으로 끝난다면 문제가 되지 않을 것이다. 바다가 만들어진 이래 파도는 한 번도 쉬지 않았듯이, 집채만 한 문제의 파도는 시도 때도 없이 몰려온다. 자녀 스스로 세상을 경험하는 기회를 박탈하기보다는 유연하게 맞서도록 훈련하는 것이 바람직하다. 무모한 동정은 홀로서기를 가로막고 인생을 과보호의 노예로 만들 수 있다는 것이다.

사람은 자기가 독립된 존재라고 느낄 때 힘이 생긴다. 세상이 자신의 존재를 알아주고 내가 세상에서 쓸모 있는 사람이라는 결론을 가져야 한다. 이처럼 자신을 독립된 존재로 세우려면 내면의 힘을 길러 주어야 한다.

첫째, 독특함을 존중해야 한다.

모든 사람은 자신만의 고유함을 가지고 있다. 독특성이 존중받을 때 자신과 다른 사람의 차이를 인정하고 받아들이는 법을 배우게 된다. 자기만의 생각이나 의견을 말했을 때 존중받게 되면 마음속에서 자신은 가치 있고 사랑받는 존재라는 자아가 자란다.

둘째, 감정을 있는 그대로 읽어 주어야 한다.

아이가 느끼고 경험한 것을 읽어 주면서 확인해 주는 것이 필요하다. 재미있다고 표현하는데 '그게 뭐가 재밌어'라고 무시하면 아이는 표현하지 않고 감정을 숨긴다. 슬프다고 표현하면 '그래, 정말 슬프겠구나. 네 모습을 보니 엄마도 슬퍼'라고 공감해 주어야 한다.

셋째, 결과보다는 과정에 관심을 보여야 한다.

과정이 건강하고 아름다우면 비록 원하는 만큼의 결과가 나오지 않았어도, 아낌없이 격려해 주는 것이 중요하다. 과정이 바르고 건강하면 포기하지 않고 도전하는 한 좋은 결과는 나오게 되어 있다.

질문 1: 자녀는 부모의 삶을 자연스럽게 모방하면서 자기 인생의 기초를 세운다. 가정은 최고의 교육기관이고, 부모는 최고의 스승이라는 말은 무슨 뜻인가?

질문 2: 우리는 체면치레라는 독특한 문화를 가지고 있어 눈치를 보게 된다. '내면의 힘'을 기르는 것과 상대방의 눈치를 보는 것은 어떤 이유에서 나타난다고 생각하는가?

질문 3: '세상은 넓고 크지만 내가 탐험하고 경험한 것만 내 세상'이라는 말을 듣고 어떤 느낌이 들었는가?

3
가정이 살아야 모두가 산다

━━━━◆━━━━━━━━━━━━◆━━━━

군집을 이루어 생활하는 개미는 지구의 거의 모든 곳에 군체를 이루며 산다. 개개의 개체들이 모여 군체를 이루는데 그 구성원을 보면, 산란을 책임지는 여왕개미와 정자를 제공하는 수개미, 그리고 전반적인 잡무를 담당하는 일개미 등이 있다. 이러한 형태를 띠는 이유는 개개의 개체가 군체를 형성하여 종의 생존력을 높이고 집단의 이익을 도모하기 위해서다. 개미는 군체라는 사회조직을 통해 서식지를 넓히고 자원을 확보하는 등 에너지를 극대화하였다. 이를 위해 개체끼리 의사소통하여 분업화에 성공한 것은 물론이고, 복잡한 문제도 해결할 수 있었다.

개미의 군집 생활은 우리 인간사회와 비슷한 면을 가지고 있어서 오랫동안 사람들의 관심을 받으며 연구의 대상이 되었다.

알에서 깨어난 개미가 군집 생활에서 개미로 살아가는 것은 어렵지 않다. 공동체 안에서 생존에 필요한 행동과 어떤 짓이 공동체에 해가 되는지 가르쳐 주지 않아도 저절로 안다.

하지만 사람은 정반대이다. 개미와 마찬가지로 사회공동체 안에서 살다가 죽음을 맞이하게 된다는 점은 같지만, 가르치고 교육한다는 측면에서는 차이를 보인다.

개미는 세상에 나오자마자 본능적으로 생존에 필요한 것을 알지만 사람의 경우는 태어날 때 집단 구성원이 될 자질은 이미 갖고 있으나 저절로 활성화되지는 않는다.

사람은 태어나서 양육자의 보살핌과 보호가 없으면 생존 자체가 어렵다는 의미를 담고 있다. 유전이나 본능에 의해 젖을 물고 바로 걸을 수 있는 소나 말과는 다르다. 사람은 시간 맞춰 젖을 물려야 하고 먹고 나면 소화를 시켜 주고 배설하면 기저귀를 갈아 주어야 한다. 거의 모든 성장 과정을 함께 겪으면서 삶으로 체득하고 경험한다.

갓난아기는 보살핌이 없으면 생존 자체가 불가능하다는 것을 알기 때문에 본능적으로 양육자의 사랑을 요구한다. 충분한 사랑이 공급되지 않으면 불안과 두려움으로 극심한 스트레스에 휩싸인다. 부모와의 관계 형성에서 부정적인 문제가 발생하면 아이의 뇌에 영향을 주어 성격 및 정서에 어려움을 준다.

가족은 살아 있는 생명체이다. 서로에게 충분한 사랑과 관심을 공급하여 주지 않으면 각종 문제가 생긴다. 건강하고 행복한 삶은 가정에서 출발하고 가정에 뿌리를 둔다. 사회에서 부와 명예로 성공을 해도 돌아갈 가정이 없거나 가족과 불화를 겪고 있으면 결코 행복할 수 없다.

이스라엘과 우리나라는 역사적으로 닮은 점이 많다. 약소국으로 주변 강대국과 전쟁을 많이 한 점도 그렇고, 나라를 잃었다가 독립을 한 시기도 비슷하다. 독립 이후 경제발전으로 선진국 대열에 합류해 세계를 놀라게 한 점 또한 같다. 그러나 국민의 삶의 질은 두 나라가 대조를 보인다. 우리나라의 행복지수는 꼴등 수준으로 치닫고 있고 자살률은 OECD 국가 중 1위 자리를 내주지 않고 있다. 국민의 삶의 질이 높아지기는커녕 점점 더 곤두박질치는 상황이 문제의 심각성을 말해 준다. 전문가들은 문제의 한 요인을 '가정의 해체에 따른 존엄성 상실'이라고 진단 내리고 있지만 정작 문제해결에 대한 대책은 제자리걸음을 하고 있다.

·

가족 세우기

·

행복의 시작은 가족이다. 사회적 성공으로 얻는 재물과 명예보다 평범한 일상에서 가족과 누리는 삶에서 얻는 행복이 더 크다고 사람들은 입을 모은다.

모든 사람에게 '가족'은 특별한 공동체이다. 내 삶이 시작한 곳이자 성장하고 성숙을 이루어 가는 곳이며 삶의 대부분을 가정에서 가족과 함께 보낸다.

그러나 현대사회는 가정을 너무 소홀히 하면서 심각한 위기에 직면했다. 가정이 순기능을 잃어 가고 있기 때문이다.

그렇다면 위기에 놓인 '가족체계'를 다시 세우기 위해 무엇을 해야 할까? 우리나라와 역사적으로 닮은꼴인 이스라엘의 가정을 살펴보면서 건강한 대안을 찾아보고자 한다.

유대인처럼 역사와 전통을 중시하는 민족도 흔치 않다. 역사와 전통을 다음 세대에게 전수하는 곳이 가정이다. 가족이 모이면 조상들이 역사적으로 어떤 삶을 살았는지 들려줌으로써 조상에 대한 자긍심과 인생의 뿌리를 찾는다. 3대가 모이면 조부모 이야기로 시작하여 부모와 자녀를 모두 아우르는 대화를 나눈다. 이를 통해서 가족이라는 일체감을 형성하는 기회가 된다. 집안에 위기가 생기거나 어려움이 닥치면 혼연일체가 되어 극복해 낸다. 이러한 원동력은 가족을 중시하는 유대인의 전통이 낳은 결과이다.

유대인은 고난의 역사 한가운데에 있었던 민족이다. 이런 암울한 역사가 오히려 가정의 중요성을 증명하는 계기가 되었다. 유대인은 나라를 잃고, 2000년 넘게 전 세계를 떠돌아다니다가 1948년 이스라엘로 독립을 한다. 국가를 구성하는 국토, 국민, 주권이라는 3요소 중에 민족만 있지 국토도 주권도 없이 전 세계를 유랑하는 피난민이었다. 그런데도 유대인은 그들의 역사와 전통을 지켜냈다. 그 비결이 바로 가족 중심의 '가정교육'이다.

나치 독일 치하에서 학살당한 유대인은 600만 명에 달한다. 당시 전 세계에 흩어져 살던 유대인의 절반에 가깝다. 가장 치욕스럽고 고통스러운 역사다.

그러나 유대인은 어려서부터 자녀들에게 민족이 겪은 고난의 역사를 당당하게 들려준다. 조상들이 받은 박해와 처참한 역사는 자녀를 전율케 하고 가슴 아프게 하지만, 민족적 정체성과 조상의 전통을 지킨 자긍심만은 가슴 깊이 새기도록 교육한다.

다음은 시몬 페레스 이스라엘 전 대통령이 강조한 말이다.

"이스라엘의 기적은 우리 역사와 전통의 힘입니다. 우리는 약소민족이었고 항상 어려운 상황에서 살아왔습니다. 모세시대 이래로 더 나은 것을 위해 투쟁하는 것이 우리 유대인들의 DNA입니다."

어떤 역경 속에서도 유대민족은 전통을 잃어버리지 않도록 가르치고 교육한다.

'그러나 용서하라! 네가 할 수 있는 것으로 최선을 다하는 훌륭한 사람이 되면 치욕적인 역사는 반복되지 않는다'라고 가르치면서도, 박해받고 고통받은 역사를 결코 잊으면 안 된다고 당부하는 것을 잊지 않는다.

탈무드에 이런 말이 있다. "견고하고 긴 쇠사슬이라도 한 개가 부러지면 무용지물이다." 유대인의 전통과 가족의 정체성을 그대로 보여주는 대목이다. 유대인은 전 세계에 흩어져 있으나, 가족공동체를 중심으로 뭉친 모두 한 가족이라는 것을 강조한 말이다. 나라를 잃고 전 세계를 유랑하며 뿔뿔이 흩어져 있어도 '유대인은 가족으로 겹겹이 둘러싸여 하나 된 공동체'라는 정체성은 변하거나 흔들리지 않았다.

수천 년 동안 나라를 잃고 유랑하면서도 전통과 정체성을 지켜낼 수 있었던 비결은 '가족공동체'가 흔들리지 않고 굳건하게 서 있었다는 점이다.

나부터! 지금부터! 내가 할 수 있는 것부터!

가족을 위해 희생하고 자녀 교육에 목숨을 걸 정도로 유별난 나라를 꼽으라면 우리나라를 빼놓고 이야기하기 어려울 정도로 대단하다. 하지만 시간과 에너지를 쏟은 것만큼 성과와 건강한 영향력이 나타나고 있느냐고 물으면 대답하기 쉽지 않다.

가정공동체가 건강하기 위해서는 가족 간의 유대와 사랑이 가장 중요한데, 우리나라는 경제적 논리와 사회적 성공에 치중하다 보니 견고하던 가족공동체가 흔들리고 있다. 언제부터인가 잘 먹고 잘사는 것이, 가족의 행복보다 우선이 되다 보니 경제적 논리를 앞세워 가족의 희생을 강요하는 상황으로 가고 있다.

가족공동체가 아프고 힘들어지거나 제 기능을 못 할 경우, 사회는 혼란과 함께 안전망이 허물어지는 아픔이 따른다.

사회는 희망에서 점점 멀어지고 개인은 설 자리를 잃고 막다른 길에 홀로 남게 된다. 이런 환경이 지속되면 가족 구성원은 사랑과 관심에서 벗어나 갈등 속에 적대적으로 변하거나 무덤덤해지는 상황이 된다.

흔들리는 가족이 아니라 견고하고 건강한 가족을 세우기 위해 대안을 찾아보자.

첫째, '나부터'이다.

내 존재를 건강하게 세우고 정체성의 뿌리를 견고하게 내려야 한다. 나 자신의 존재에 대한 정체성의 뿌리를 든든하게 내려야 한다. 건강한 나로 나답게, 내가 원하는 삶을 열정을 가지고 살아가는 것이 중요하다. 남들이 원하고 기대하는 삶을 위해 꼭두각시로 살아가는 것은 의미가 없다.

'열정'은 의미 있고 가치 있는 일을 할 때 타오르는 감정의 용광로를 의미한다. 나를 인생의 주인공으로 당당하게 세상이라는 무대를 접수해야 한다. 칠흑같이 어두운 곳에서 한 줄기 빛은 희망이고 생명이다. 내가 가진 작은 빛이면 충분하다. 온통 어두운 세상이라고 원망하고 불평만 한다고 해서 세상이 밝아지지 않는다. 어둠을 밝히는 데 필요한 빛은 '나부터'라는 열정 하나면 충분하다.

둘째, '지금부터'이다.

삶의 열정은 용광로와 같다. 그 에너지는 상상을 초월한다.

하지만 타이밍을 놓치면 불타오르던 열정은 어느새 사라지고 만다. 의미와 가치를 지닌 일은 더더욱 타이밍이 중요하기 때문에 지금은 곧 기회이다.

인생은 '지금'이라는 시간을 어떻게 활용하느냐에 따라 삶이 달라진

가족,
넌 괜찮니?

다. 지금 나에게 만족하지 못하면 과거를 회상해 후회와 원망을 소환한다. 여기서 끝나지 않고 미래의 불확실성을 붙잡고 걱정과 염려로 에너지를 소진한다.

삶의 열정으로 문제를 해결하는 가장 좋은 방법은 '지금에 집중'하는 것이다. 지금이 내 인생의 가장 젊은 날이고, 가장 좋은 시간이며, 기회이다.

셋째, '내가 할 수 있는 것부터'이다.

사람은 자신의 삶 속에서 의미를 발견하고 열정을 가진 일에서 가치를 찾았을 때 인생의 행복을 느낀다.

'지금! 내가 무엇을 원하고, 지금! 여기서 무엇을 해야 하는가?'를 찾는 것이 중요하다. 인생은 이 물음에 답을 찾는 과정이다. 물론 답을 찾기란 쉽지 않지만, 이렇게 찾은 것이 있다면 '내가 할 수 있는 것부터' 실천에 옮기면 된다.

실수해도 괜찮다. 넘어지면 다시 일어나면 된다. 옳은 길이라서 가야 할 길이라면 뚜벅뚜벅 걸어가면 된다. 이 시대는 옳은 길을 묵묵히 걸어가는 뚜벅이가 정말 그리운 세상이다.

'내가 할 수 있는 것'만이 진정으로 의미 있는 내 인생이다. 내가 할 수 있는 것을 내 자리에서 묵묵히 실천할 때 나의 나다움은 빛이 나게 되어 있다.

질문 1: 나에게 가정이란 어떤 의미이고, 나는 가족공동체에서 어떤 사람으로 서 있는가?

질문 2: 유태인이 수천 년 동안 나라를 잃고 전 세계에 흩어져 살면서도 민족적 전통과 가치관을 잃지 않았던 비결은 어디에 있다고 생각하는가?

질문 3: 가족을 건강하게 세우기 위해서 내가 지금 실천할 수 있는 것은 무엇인가?

4
부모와 자녀 사이

◆━━━━━━━━━━━━━◆

부모가 된다는 것은 한없이 영광스러운 자리이면서 동시에 많은 희생을 감수해야 하는 부담스러운 자리이다. 한 아이가 장성한 사람으로 성장하기까지 유일한 부모가 되어 '사람답게 키운다'라는 것은 세상 그 무엇과도 바꿀 수 없는 기쁨이다.

여기서 '키운다'라는 의미는 '아이가 독립된 존재로 자신이 원하는 인생을 스스로 살아가도록 돕는 일'이라고 정의하고 싶다.

이 세상 부모들의 모든 관심사는 '내 아이를 어떻게 키울 것인가?'에 맞춰져 있다고 해도 틀린 말이 아닐 것이다. 아이를 위해서라면 몸에 좋다는 것은 뭐든지 먹인다. 머리가 좋아져서 공부를 잘하게 된다면 뭐든지 다 한다. 아이에게 조금이라도 도움이 된다면 만사를 제쳐 두고 악착같이 챙긴다.

·

나는 어떤 부모인가?

·

그러나 일에도 우선순위가 있는 것처럼 자녀 양육 또한 그렇다. 자녀 양육에서 가장 우선시해야 하는 원칙은 '나는 자녀에게 어떤 부모인가?'를 확인하는 일이다. 자녀를 어떻게 양육하고 교육할 것인지 부모가 먼저 고민하고 준비되어 있어야 한다.

치열한 경쟁 사회를 살아가면서 부와 명예가 곧 성공이라는 가치관을 가진 부모라면 양육도 그것을 지향할 것이다. 아이의 관심이나 역량과 상관없이 옳다고 생각하는 것을 무섭게 추구하고 밀어붙이게 된다. 그러나 현실의 성공과 행복은 이상과는 다르다. 부와 명예를 얻어 어느 정도 사회적 성공을 이뤘다고 해서 행복해질 수 없기 때문이다. 인생의 최종 목표가 부와 명예였던 사람이라 하더라도, 그 목표가 어느 정도 이뤄지면 또 다른 목표를 이루겠다는 욕심 때문에 행복보다는 욕망의 배고픔이 자리 잡는다.

현재 사회를 이끌어 가는 우리 기성세대는 앞으로 이 사회의 주역이 될 다음 세대에게 어떤 세대로 기억될까?

눈에 보이지 않는 인격이나 인성교육이 대체 무슨 도움이 되겠냐며 목소리를 높이는 부모 마음도 이해가 된다. 기성세대가 살아온 삶의 과정과 현장에서는 인성보다는 결과 중심의 성공 지상주의가 주류였으니 말이다.

'인생 뭐 있어! 잘 먹고 잘살면 돼. 참된 인간은 무슨~'이라고 말하는 부모도 있다. 기성세대의 욕심과 성공 지상주의가 우리 사회를 이렇게 팍팍하고 살벌하게 만들었는데도 말이다.

부모들은 치열한 경쟁 사회를 운운하면서 성공을 위해 자녀를 달달 볶는다.

"무조건 1등이다. 2등은 기억해 주지도 않아. 무슨 일이 있어도 1등을 놓치면 안 돼."

"세상을 믿지 말고 강해져야 한다. 허점을 보이는 순간 세상이 너를 우습게 본다."

"네가 성공하면 과거는 중요하지 않아. 돈 많이 벌어서 성공하면 다 해결돼."

이런 말과 가치관이 기성세대의 눈높이와 가슴 높이라면 우리 다음 세대 역시 희망이 아닌 절망을, 행복보다는 후회를 가득 안고 사는 인생이 되고 만다.

과거 우리의 부모들은 어떤 가치관을 가지고 자녀를 양육했을까? 자녀를 인격을 갖춘 존재로 대하기보다는 아무것도 할 수 없는 무능한 사람으로 여겼다. 그래서 사람답게 살려면 때로는 몽둥이로 때리고 화를 내며 으름장을 놓아서라도 제대로 가르쳐야 한다고 믿었다.

인격적으로 대하기보다는 목표와 기대가 더 중요했다. 원하는 결과를 위해 다그치면 되고 반항하면 체벌을 해서라도 몰아붙이면 되었다. 사람은 그 존재 자체만으로 소중하다는 인식이나 아무리 핏덩어리라 하더라도 인격을 갖춘 존재라는 사실을 삶으로 확인시켜 주는 일 따위엔 별 관심을 두지 않았다.

자녀의 행복을 응원하는 부모라면 어떻게 해야 할까?

한 아이가 장성하게 자라 독립된 존재로 자신이 원하는 인생을 행복하게 살아가는 데 모든 에너지를 쓰면 좋겠다. 큰 명성과 부를 많이 얻지 못하더라도 자기를 소중히 여기고, 하는 일에서 만족을 찾으며, 가족과 사회의 일원으로 건강한 삶을 살아간다면 이보다 더한 행복이 또 어디에 있겠는가?

자녀, 물드는 존재

"애고~ 쟤는 누구를 닮아서 저 모양이야. 쯧쯧쯔."

부모 눈에 차지 않는 자녀를 한심스럽게 쳐다보면서 내뱉는 탄식 섞인 말이다.

자녀가 닮으면 누구를 닮겠는가? 두말할 것도 없이 부모를 닮게 되어 있다. 이런 사실을 잘 알면서도 '넌 누구를 닮아서 그래?'라는 말을 너무 쉽게 한다.

갓난아기는 스펀지와 같아서 모든 것을 있는 그대로 흡수한다. 아이는 자연스럽게 부모를 닮아가게 되어 있다.

사람은 태어나면서부터 자기가 속한 집단에 소속되려는 마음이 강하다. 그 환경에 빨리 적응하기 위해서 부모를 유심히 관찰하고 따라한다. 부모가 어떤 상황에서 어떻게 대처하는지 꼼꼼하게 관찰하면서 배우는 것이다.

특히 3세 이전에 양육자로부터 받은 자극과 경험이 성격과 정서를 형성하는 데 중요한 밑거름이 된다. 부모로부터 어떤 영향을 받았느냐에 따라 자녀의 행동이 달라지는 것이다.

살아 있는 모든 생명체는 외부로부터 자극을 받게 되면 반드시 반응하게 되어 있다. 엄마의 자궁에 있는 태아도 생명체기 때문에 자극을 느끼고 영향을 받게 된다. 특히 목소리 자극은 태아의 정서적 안정에 도움을 주는데 말을 걸어 주면 그 소리를 듣고 반응을 보인다. 책을 읽어 주거나 음악을 들려주고 일상생활을 부드럽게 설명해 가면서 대화를 시도하는 것이 최고의 태교인 것이다.

갓난아기의 초기 반응은 대부분 엄마의 영향을 받게 된다. 엄마가 받는 양육 스트레스는 무엇으로 표현하기 어렵다는 점에서 아빠의 도움이 절대적으로 필요하다.

아이의 성질머리가 괴팍하다 싶으면 부모의 양육 환경을 꼼꼼히 살펴보며 상황을 알아차려야 한다.

양육하면서 받는 스트레스를 아이에게 풀 경우, 그 스트레스는 고스란히 뇌에 저장되어 있다가 부정적인 성격이라는 이름으로 삶에 그대로 재연된다. 부메랑처럼 처음 그 자리로 되돌아가는 것이다.

그러므로 가장 건강한 태교는 자녀를 양육하면서 받는 스트레스를 잘 관리하는 것이다. 엄마의 스트레스가 태아에게 전달되어 부정적인 영향을 받지 않도록 하는 것이 중요하다.

자녀 교육은 태교하듯이 하면 된다. 태교는 임신과 동시에 시작하는 것이 아니라 임신하기 몇 개월 전부터 하는 것이다. 태아에 영향을 주는 담배나 약물 등은 미리 차단하는 것이 좋다. 마음가짐 또한 중요하다. 심신의 안정은 건강한 임신을 돕고 태아가 자궁에 잘 적응하도록 한다. 태아에게 좋은 영향을 주기 위해 마음가짐과 몸에 좋은 자세와 행동 그리고 음식에 이르기까지 세심하게 챙겨야 한다.

태교는 부모가 먼저 몸과 마음을 준비하고 교육하여 태아에게 필요한 사람이 되도록 하는 것이다. 인생에서 가장 소중한 선물인 태아를 맞아들이는 '부모의 맞춤형 교육'이 태교인 셈이다.

자녀 교육도 이와 같다. 자녀를 교육하기에 앞서 부모가 먼저 교육과 훈련을 통해 준비하는 것이 중요하다.

아이는 가르치고 교육한다고 해서 사람다운 존재가 되는 것이 아니다. 부모의 삶을 보고 따라 하는 모방을 통해 '물들어 가는 존재'라는 사실이다.

배우는 것과 가르치는 것은 하나의 원리에서 시작한다. 그 원리는 가르치는 사람을 흉내 내면서 복사하듯이 따라서 하는 것이고, 가르치는 사람은 배우는 사람의 본보기가 되어야 한다는 것이다.

배움의 기초는 경험이 많은 사람을 흉내 내는 것부터 시작한다. 사람의 첫 배움터인 가정에서 부모를 닮아가면서 배우고, 사회의 첫 배움터인 학교에서는 선생님에게 사회의 일원으로 살아가는 기초를 배운다.

히브리어로 '아브'는 아빠라는 뜻이다. 이스라엘의 가정교육은 아버지를 중심으로 이뤄지는데, 이 말은 스승이라는 뜻도 포함하고 있다. 다시 말해 아버지와 선생님은 인생에서 가장 중요한 위치에 자리하고 있다는 뜻을 담고 있다.

어렸을 때 엄마와 아빠에게 받은 자극은 정서발달을 형성하는 데 재료가 되어 평생 아이의 성격과 행동에 영향을 준다. 아이는 부모라는 거울을 통해 자신을 바라볼 뿐 아니라 세상을 만난다. 그래서 '가르친 대로 자라는 것이 아니라 보여 준 대로 자란다'라고 하는 것이다.

자녀가 정서적인 안정과 애착을 갖게 하려면 만 3세까지는 엄마 품에서 떨어지면 안 된다. 어머니 배 속에 있을 때 태교가 중요한 것처럼, 태어난 이후 3세까지는 엄마 품에서 정서적 안정을 충분히 누려야 한다. 바쁘다는 핑계로 아이를 내팽개치면 작은 일로 끝날 문제가 강력한 토네이도가 되어 부모에게 돌아온다.

아기를 위해 엄마가 전심전력을 기울일 때 아빠는 지친 엄마 곁에서 힘이 되어 주어야 한다. 육아는 엄마 혼자의 몫이 아니다. 부부가 힘을 모아 공동으로 함께 하는 것이다.

질문 1: '가르치는 것과 배우는 것이 같은 원리에서 나온다'라는 것에 대해 내 생각은 무엇이고, 그렇게 생각하는 근거는 무엇인가?

질문 2: '사람의 첫 배움터인 가정에서 부모를 닮아가면서 배우고, 사회의 첫 배움터인 학교에서는 선생님에게 사회의 일원으로 살아가는 기초를 배운다'라는 글을 읽고 어떤 느낌이 들었는가?

질문 3: 부모가 되어 자녀를 양육한다는 것은 '자녀가 독립된 존재로 자신이 원하는 인생을 스스로 살아가도록 돕는 일'이라는 표현에 대해 어떤 생각을 하게 되는가?

5
애착과 집착

❖━━━━━━❖━━━━━━❖

이 땅의 생명체는 생존하기 위해 기본적으로 필요한 것을 스스로 찾아 해결하는 힘이 있다. 우리는 이것을 '본능'이라고 한다.

소나 말은 태어난 직후 어미가 탯줄을 제거해 주면 일어나 걷는다. 어미에게 다가가서 젖을 찾아 먹을 정도로 발육이 빠르다. 조금 후에는 뛰어다니기도 한다. 태어나자마자 어미를 잃는 위기의 순간이라 하더라도 생존 본능은 강력하게 작용해 위험을 극복한다. 뇌 기능 또한 태어날 때 이미 80%를 가지고 태어나기 때문에 위험 상황에서 벗어날 수 있다.

갓난아기는 시간표가 다르다. 생명의 시간표는 10개월 동안만 엄마의 품을 허락한다. 태어난 직후 걷거나 스스로 엄마 품으로 가서 젖을 먹을 수가 없다. 엄마가 품에 안고 젖을 물려 주어야 비로소 먹는 활동이 가능하다.

사람은 발육상태로 보면 동물과 비교가 안 될 정도로 연약하게 태어난다. 발달속도도 늦어 20년 가까이 부모의 품을 떠나지 않고 양육과 도움을 받는다. 일정 기간 부모나 양육자의 도움이 없이는 생존하기 어렵다. 뇌 기능의 경우도 약 20% 정도만 활성화된 채 태어나기 때문에 스스로 할 수 있는 일이 많지 않다.

갓난아기는 부모와의 애착 관계를 통해 사랑과 돌봄을 받으며 자라도록 창조되었다. 가장 연약하게 태어났기 때문에 많은 시간 사랑으로 양육을 받으며 보살핌을 통해 인간다움이 형성되는 것이다.

애착이란 생애 초기에 부모와 친밀한 정서적 관계를 맺고 교감하는 것이다. 애착 이론은 볼비와 할로우의 선구적 연구를 기반으로 발전된 발달심리학 이론으로 생애 초기 부모와의 애착은 이후 심리적 안정과 사회적 관계에 긍정적인 영향을 준다고 보았다.

갓난아이는 부모의 사랑과 양육을 받고 성장하도록 프로그램 되어 있어서 건강한 부모의 돌봄을 본능적으로 요구한다. 이 본능이 채워지지 않으면 발달과정에 문제가 생겨 다음 단계의 성장에 어려움이 따른다.

'안정 애착'을 위해서는 갓난아이를 돌보는 부모가 아이를 세밀하게 관찰하고 욕구에 민감하게 반응해야 한다. 따뜻한 시선으로 바라보고, 미소를 짓거나 밝은 표정으로 대하는 것이 중요하다. 아이가 필요로 할 때 즉각적으로 반응하면서 부드러운 피부 접촉이 되면, 초기 애착이 잘 형성되어 낯선 환경을 만나도 적응력이 좋다. 엄마를 통해 이미 경험한 '사랑의 품'은 사회환경과 인간관계를 유연하게 할 뿐만 아니라, 따뜻한 시선으로 세상을 바라보는 원동력이 된다.

아기는 엄마가 자신에게 집중하고 반응해 준 신뢰가 쌓였을 때

'사랑받을 만한 충분한 가치가 있는 사람'이라는 믿음과 '자기 자신을 있는 그대로 사랑하는 자기애'를 갖게 된다.

그러나 반대의 경우도 얼마든지 발생한다. 원하고 기대하던 에너지가 들어오지 않으면 부정적인 감정이 올라오면서 원하는 사랑을 채우기 위해 과도한 집착을 하게 된다.

집착은 대단한 힘을 가지고 있다. 일반적인 인간관계를 힘들게 할 뿐만 아니라, 가족관계에서 애착이 자리 잡지 못하도록 불신과 불안감

을 조성한다.

불안감은 자신이 원하는 사랑과 관심은 오지 않고, 양육자가 자신을 멀리하고 소외시킨다는 느낌을 받을 때 나타난다. 신뢰를 불신으로 바꾼 상황에서는 부정적인 에너지가 나올 수밖에 없다.

상담 현장에서 가장 마음이 아픈 것은 부모로부터 버림받은 상처가 있거나, 버림받을지도 모른다는 생각이 몰려와 고통을 호소하는 사람을 만날 때다. 모두 그런 것은 아니지만, 앞뒤 상황을 따지지도 않고 '난 버림받았다'라는 왜곡된 생각이 몰려와 고통을 주는 경우 적절한 대책이 필요하다.

왜곡된 생각이 휩쓸고 지나가면 괴물이 되어 모든 관계를 집어삼킨다. '당신이 나를 버렸다'라는 유기불안이 강력한 에너지가 되어 나타나기 때문이다.

애착이 형성되는 시기에는 부모가 적극적으로 보살피고 양육하는 일을 그 무엇에도 양보해서는 안 된다.

•

몸짓 언어

•

과거에 농담 삼아 다리 밑에서 주워 왔다는 말로 아이들을 놀리는 일이 많았다. 심지어는 말을 듣지 않는 아이에겐 버릇을 고친다는 이유로 다리 밑에 버리겠다는 협박성 발언까지 일삼았다. 하지만 이런 상황에 직면한 아이의 입장은 단순히 장난이거나 웃어넘길 사안은 아닐 것이다. 존재감이 송두리째 무너지는 심각한 문제가 될 수 있다.

아기는 생후 6개월 정도가 되면 두뇌가 발달하면서 어느 정도 애착이 형성된다. 자기를 돌보는 사람을 구분해 친숙한 사람과 낯선 사람을 알아본다. 친숙한 사람 앞에서는 미소를 짓거나 옹알이를 하면서 반응을 보인다. 반대로 낯선 사람을 만나면 울음을 터뜨려 불안감을 몸으로 표현한다.

12개월이 채 되지 않은 아이들은 대부분 몸짓과 표정으로 의사를 표현한다. 이런 경우 부모는 아이가 보내는 몸짓 언어를 놓치지 말고 적절히 반응해 주어야 한다. 아이가 계속 신호를 보냈는데도 부모가 반응을 보이지 않거나, 귀찮고 짜증 섞인 반응이 나오면 아이의 표현은 소극적인 양상을 보이게 된다.

아이들은 대개 18개월이 되면 간단한 언어를 구사한다. 몇 개의 쉬운 단어에 표정과 몸짓을 동원해 필요한 것을 요구하는 것이 대부분이다. "엄마, 까까" "아빠, 이거" 정도의 표현이다. 이때 부모의 대응이 아주 중요하다. 아이는 자기 수준에서 최선을 다하여 소통하는데 부모의 반응이 차갑거나 어쩌다 한 번 소극적으로 대하면 상처를 받게 된다.

아이의 레이더망은 고성능 슈퍼컴퓨터의 정보처리 능력보다 더 탁월하고 정확한 성능을 가지고 있어 부모와 편하게 질문하고 대답하는 과정은 무엇보다 중요하다.

평소에 아이가 무슨 말을 하려다가 부모의 눈치를 본다거나, 대답을 머뭇거리면서 딴짓을 하는 상황은 바람직하지 못하다. 이런 경우라면 평소 아이와 대화할 때 윽박지르거나 아이의 의견을 무시하는 양육을 하고 있지는 않은지 점검이 필요하다.

어느 순간에는 '아무것도 모르는 애한테 화를 냈다'라는 마음이 들어 미안하기도 하고, '내가 부모 노릇을 제대로 하고 있나?'라는 생각에 죄책감을 느끼며 괴로워하기도 한다.

부끄러움은 희망의 불씨가 살아 있다는 증거다. 내 행동에 창피함을 느낀다는 것은 양심이 아직 건강하게 제 기능을 한다는 뜻이다. 아이에게 부끄럽고 창피하다면 소극적인 자세를 취하지 말고 진심으로 바로잡아 다시 시작하려는 자세가 필요하다.

아이들과 마음으로 연결되는 대화를 하려면 부모의 관점과 기준에서 벗어나더라도 아이의 의견을 존중해 주어야 한다. 아이의 말이나 의견에는 단순한 자기주장만 있는 것은 아니다. 보고 느끼고 상상한 세계를 대화로 표현하기 때문에 아이의 입장을 고려하고 존중하는 것은 너무 중요하다.

부모가 나를 있는 그대로 이해하고 공감해 준다는 느낌은 자녀와 부모 관계를 탄탄하게 묶어 주는 효과가 있다.

아이들에게 '부모' 외에 다른 존재로 기억되는 것 자체가 너무 두려운 일이다. '좋은 부모와 나쁜 부모'처럼 모호한 기준을 가지고 평가하거나 대화하는 것이 아닌 '부모'라는 말 하나로도 감사와 존경을 표현하도록 건강한 영향력을 유산으로 물려주는 사회가 되었으면 한다.

·

애착, 평생의 에너지

·

애착의 핵심은 아기와 엄마의 상호작용이다. 아이가 필요로 할 때 원하는 것을 채워 준 일들이 쌓여 신뢰감이라는 보물이 된 것이다.

아기에게는 이것보다 기분 좋은 일이 또 없다. 자기가 보낸 신호에 엄마가 신속하고 정확하게 반응하는 상황에서 믿음이 생기고 이 믿음이 애착이라는 에너지로 상호작용한다.

아이에게 진정으로 필요한 것은 좋은 환경과 교육이 아니다. 엄마와 양육자의 안정된 애착만큼 중요한 것은 없다. 이 에너지는 아이가 평생을 살아가는 데 삶의 긍정적 요소로 작용한다. 특히 영유아 시기에 부모와 상호작용하면서 만들어지기 때문에, 정서적 교감과 안정 애착이 무엇보다 중요하다.

애착이 형성되는 시기는 예민한 시기이기 때문에 엄마의 일관되지 않은 양육 태도는 정서적 불안을 준다. 어린 시절에 오는 정서적 불안은 애착 불안으로 발생하는 경우가 많은데, 이런 문제로 스트레스를 받게 되면 욕구를 부정적인 방법으로 표출한다. 관심을 끌기 위해 이상행동을 하거나 유아 우울과 같은 정서적 불안을 호소하기도 한다.

이 시기는 주 양육자와 분리되지 않도록 각별한 주의가 필요하다. 주 양육자가 바뀌는 상황이 되면 극도의 불안감으로 정서적 충격에 빠진다. 새로운 사람과 애착을 형성해야 한다는 부담도 문제지만, 주 양육자에게서 관심과 사랑이 멀어진다는 것은 마음에 깊은 상처를 남긴다.

애착은 뇌 기능과 연관이 깊다. 전두엽의 기능은 생후 6개월에서 2년 사이에 급격하게 발달하는데, 애착도 이 시기에 동반 형성되는 것으로 애착과 뇌 발달은 밀접한 관련이 있다.

애착이 결핍된 사람은 정서를 관장하는 뇌 부위가 활성화되면서 신경계에 크고 작은 자극을 주게 된다. 원하는 사랑이 들어오지 않으면 스트레스 호르몬이 증가하는데, 이렇게 되면 애착 형성에 직접 영향을 주는 전두엽과 해마 그리고 편도체에 부정적인 자극으로 작용한다.

부정적 관계에서 오는 또 하나의 심각한 문제가 있다. 바로 '집착'이다. 부모와 자녀가 서로에 대한 부정적 관심이 형성되어 상대방을 꼼짝하지 못하게 붙들고 있으면서도 '이건 모두 사랑하기 때문이야!'라고 한다.

사랑과 돌봄으로 애착이 형성되어야 할 영유아 시기를 놓친 부모는 적절하게 양육하지 못했던 미안함이 몰려온다. 그래서 아이의 의사와는 상관없이 일방적으로 채워 주는 과잉보호를 하게 된다. 이제라도 부족한 것을 채워 주려는 마음이 오히려 부작용을 일으키는 것이다.

적절한 시기에 애착이 이루어지지 않으면 엄마와 자녀는 분리불안이 온다. 엄마와 자녀가 서로 불안해 떨어지지 않으려는 현상을 보이는 것이다. 아이가 겪는 분리불안은 엄마가 양육 태도를 바꿔 주면 어느 정도 해결된다. 그러나 엄마의 분리불안은 아이를 양육하는 데 큰 장애가 된다. 불안감이 올라오면 마음이 초조하여 어찌할 바를 모르고 일이 손에 잡히지 않는다. 유치원에 다녀온 아이의 기분이 조금만 이상해도 유치원으로 달려가 CCTV 영상을 직접 확인해야 직성이 풀리는 상황이 된다.

부모라 하더라도 사랑한다는 이유로 자녀의 의사와 상관없이 좌지우지하고, 마음이 불안하다는 이유로 이것저것 통제하고 있다면 이것은 사랑이라는 이름 뒤에 숨어 있는 집착이다.

집착은 사랑의 또 다른 모습이 아니라 서로의 관계를 파괴하는 도구이다. 그런데 상당수의 부모가 집착을 또 다른 모습의 사랑이라고 착각한 나머지 문제로 여기지 않는다.

집착이 강한 사람은 자기주장이 의외로 강해서 상대방이 자기 뜻대로 하지 않으면 화를 내거나, 작은 일에도 자기를 공격한다고 쉽게 오해를 한다.

집착은 자녀에 대한 왜곡된 마음에서 온다. 자녀를 있는 그대로 인정하고 사랑할 때 집착이라는 굴레에서 벗어날 수 있다.

반드시 기억하자. 집착하는 사람에게 마음의 안정과 평화는 오지 않고 멀어진다는 것을 말이다.

가족 토론방

질문 1: 애착의 핵심은 아기가 엄마의 손길을 원할 때 필요를 채워준 신뢰가 에너지가 되어 평생의 자원이 된다고 했다. 어떤 이유가 있다고 생각하는가?

질문 2: 애착 관계를 형성했던 부모들이 양육과정에서 집착으로 방향을 바꾸는 이유와 그 근거는 무엇인가?

질문 3: 집착의 요소를 해결하고 건강한 인간관계를 형성하는데 필요한 것은 무엇인가?

6
가장 위대한 이름, 엄마!

◆━━━━━━━━━◆

갓난아기는 자기 인식이 없다. 다시 말해 자기가 다른 사람과 구별된 존재라는 인식이 거의 없다. 거울에 비친 모습을 보고 있어도 그 모습이 자기의 모습이라는 것을 인식하지 못한다.

갓난아기의 유일한 거울은 엄마다. 엄마의 표정을 살피고 몸짓 하나하나를 보면서 자기를 느껴 간다. 엄마가 자신을 보면서 방긋 웃어 주면 그 모습으로 자신이 어떤 존재라는 것을 알게 된다. 욕구가 있어서 신호를 보낼 때 엄마가 즉시 알아차리고 해결해 주면 아기는 자신이 세상에서 소중한 존재라고 믿게 된다.

아이는 엄마의 전적인 돌봄과 양육이 필요하다. 엄마의 돌봄이 없이는 생존할 수가 없다. 이 과정에서 본능이 원하는 만큼 욕구가 충족되지 않으면 다음 단계로 발달하는 데 지장을 초래한다.

아기들은 생후 3개월 이후부터 주변의 낯선 사람과 익숙한 사람을 구분하여 더 잘 놀고 웃으며 옹알거린다. 자기에게 친숙한 사람이나 무한한 신뢰와 사랑을 주는 사람이 엄마라는 사실을 깨닫고 정서적인 유대를 맺게 된다.

엄마와의 긍정적이고 친밀한 정서적 유대감이 낯선 세상을 안전하고 좋은 곳으로 인식하게 한다. 엄마에게 받은 정서적 에너지가 결국 세상으로 한 걸음 내딛는 자원이 되는 것이다.

세상에 대한 첫 이미지를 엄마의 품을 접촉하는 느낌으로 알고, 엄마가 모유 수유를 하면서 부드럽게 안아 주고 토닥여 주던 손길로 세상을 경험한다. 엄마와의 지속적이면서 안정된 접촉은 아기의 정서를 안정시키고 두뇌발달에 큰 영향을 미친다.

이렇게 엄마 품에서 좀 더 자라면서 성장하게 되면 자기 인식을 하게 된다. 엄마의 사랑을 충분히 받은 아이는 자신이 엄마와 분리된 또 다른 존재라는 것을 발견해 나간다. 옹알이를 시작하고 장난감을 만지작거리면서 엄마의 반응을 살핀다. 안전한 상황인지, 이렇게 행동해도 되는지 꼼꼼하게 살피며 경험을 한다.

엄마의 표정과 말투는 거대한 거울이 되어 아이를 비추게 된다. 거울인 엄마가 웃으면 아이는 행복하고, 인상을 찌푸리거나 짜증을 내면 두려움을 느끼고 긴장하게 된다.

．

엄마는 가정의 생명

．

탈무드에서는 엄마를 '가정의 생명'이라고 부른다. 유대인은 집안에 엄마가 없는 것을 생명이 없는 것과 같다고 보았다. 아내를 '가정'이라 부르는 이유는 아내가 없으면 안정된 생활 자체가 어렵기 때문이다.

유대인 이야기가 나온 김에 유대인이 '현명한 아내'를 얻기 위해 어떤 노력을 하는지 알아보자.

유대인에게 '토라 두루마리'는 매우 중요해서 목숨보다 신성시한다. 서기관이 양피지에 필사하고 소중하게 전승한 것이라 매우 귀하게 여긴다. 그러나 전 재산과도 바꾸지 않는 귀한 토라를 팔아도 되는 유일한 조건 두 가지가 있다.

첫째는 현명한 아내를 얻기 위해 돈이 필요한 경우다. 좋은 아내를 얻기 위해서는 목숨처럼 아끼는 토라, 전 재산을 투자한다는 뜻이다.

둘째는 공부를 위해 돈이 필요한 경우이다. 우리나라는 '내 집 마련'이 최우선 과제로 가정경제 대부분을 투자하는 문화를 가지고 있다 보니, 집에 대한 이미지가 쉼과 안식이라는 개념과는 거리가 있다. 생활 공간이라는 개념과 이미지라기보다, 재테크의 도구로 더 많은 경제적 부를 가져다주는 요술램프가 된 지 오래다. 그 결과 국민 자산의 80%가 부동산에 묶이는 안타까운 현실 속에 살아가고 있다.

집은 가족공동체가 함께 모여 살아가는 데 정말 중요한 수단이다. 집은 언제나 집으로 있을 때 빛난다. 그 이상이 되거나 그 이하가 되면 곤란하다.

안타깝게도 우리 사회는 언제부턴가 주인이 손님 노릇을 하고 있다. 손님의 자리에 있어야 할 집이 주인 행세를 하고, 주체가 되어야 할 가족은 어느새 집을 사기 위한 도구로 전락한 이상한 사회에서 살아가고 있다.

가족이 살아가는 데 집은 정말 필요하고 소중하다. 그렇다고 해서 가족보다 우선이 된다면, 주인이 손님으로 바뀌는 우스운 일이 된다. 집이 우선순위가 아니라 가족이 전부여야 한다.

유대인만큼 엄마의 존재를 강조하지 않더라도 가정의 생명이 엄마라는 말에 반대할 사람은 없을 것이다. 탈무드에 이런 말이 있다.

'하나님은 가정에 엄마를 대신 보내 사랑을 실천하도록 했다.'

엄마가 가정에서 얼마나 필요한 존재인지 깨닫게 하는 말이다.

안타깝게도 우리 사회는 엄마의 모성애가 자녀에게 어느 정도 영향을 미치는지에 대한 사회적 인식이 높은 편은 아니다. 여성의 역할과

가족,
넌 괜찮니?

모성애로 대변되는 양육이 과소평가되어 그다지 중요하지 않은 일로 취급받는 일은 어제오늘의 문제가 아니다.

여성의 역할이 과소평가되면 결혼생활의 균형은 물론 자녀 양육에 좋은 영향을 줄 수 없다. 여성을 존중하는 문화가 자리 잡으면 자연스럽게 건강한 모성애로 이어져 어린 자녀의 정서 안정과 애착에 긍정적 요소로 작용한다.

서로 존중받지 못하는 결혼생활은 생명력이 없다. 건강한 부부애는 모성애와 부성애의 근본이기 때문에 그 무엇과도 비교가 불가한 가치를 지닌다. 특히 모성애는 애착과 성격 형성에 중요한 역할을 한다는 점에서 과소평가할 수 없는 부분이다.

엄마는 자존감의 원천이다. 자존감은 인생을 살아가는 에너지를 자체 생산하는 공장이기 때문에 자녀에게 필수 요소이다. 가정을 세우고 생명력을 갖게 하는 힘은 어머니의 자존감에서 나온다는 것을 기억해야 한다.

·

긍정적 자아상

·

갓난아기에게 자기가 어떤 존재인지 보는 거울은 엄마다. 엄마가 밝게 웃는 표정을 지으면 스스로 사랑스러운 존재로 인식하고, 울며 감정을 표현할 때 달려와 안아 주면 자신이 소중한 존재라는 것을 깨닫게 된다. 엄마의 표정과 몸짓이 곧 자신이고 주변 사람들이 보여 주는 반응이 거울이 되어 자기를 인식한다. 거울이 웃으면 그 모습을 보고 자아상도 따라 웃고, 인상을 찌푸리고 짜증을 내면 부정적 자아상이 자리를 잡는다. 아이가 건강하고 심리적으로 안정되어 행복하려면 먼저 엄마가 건강하고 행복해야 한다.

아이가 매일매일 성장하면서 방긋방긋 웃는 것은 엄마의 사랑과 관심이 에너지가 된 까닭이다. 갓난아기는 하루에 400번 정도 웃는다. 사람은 웃을 때 면역세포의 기능이 활성화되는데, 평상시보다 무려 200배의 효과를 보인다고 한다. 이 웃음은 가장 강력한 행복 바이러스가 되어 자신의 건강한 삶도 보장하지만, 자녀 양육으로 힘들고 고단한 엄마에게 건강한 에너지를 충전하는 재료가 된다.

·

엄마의 자극이 뇌 발달을 돕는다

·

아기는 생애 초기부터 뉴런이라 부르는 뇌세포가 상호작용하여 외부 자극에 반응하며 정보를 만들어 낸다. 이 시기에 엄마와의 접촉 경험은 뇌의 구조를 형성하는 데 결정적 영향을 미친다. 아기의 뇌는 모든 자극에 반응할 수 있는 기능을 갖고 태어난다. 출생 후에는 주변의 모든 정보가 뇌를 발달시킨다. 엄마와 아기는 사랑의 탯줄로 연결되어 애착을 형성하기 때문에 모든 자극은 다양한 감각을 자극하는 도구가 된다.

특히 엄마와의 피부 접촉이나 눈 맞춤, 안아 주고 쓰다듬어 주는 것은 아이의 발달에 중요하다. 엄마와의 상호작용을 통해 뇌와 감각기능이 한 단계, 한 단계 완성되어 간다.

어린 시절에 엄마와 얼마나 만족스러운 상호작용을 하느냐에 따라 관계성과 사회성이 형성된다. 3세 이후부터 뇌세포의 활동이 폭발적으로 일어나 성격과 정서발달에 영향을 주고, 이렇게 형성된 성격은 평생 동안 아이에게 영향을 미친다.

이 시기에 엄마는 아이에게 친밀감 있는 놀이를 통해 다가가는 것이 좋다. 이때 표정이나 행동에서 아이에게 부담을 주면 좋지 않다. 아이가 마음 편하게 엄마 품에 다가와 마음껏 놀 수 있는 환경을 만들어 주는 것이 중요하다. 엄마와의 친밀감을 통해 좋고 건강한 자극을 받은 아이는 모든 신체감각이 균형 있게 성장한다. 이런 건강한 자극이 기억으로 저장되어 자존감이 높고 감정 표현이 풍부하며 사람들과 잘 어울리는 사람으로 성장하게 된다.

반대로 부정적 정서가 무의식에 쌓이면 작고 사소한 일에도 짜증을 내고, 불평과 함께 소리를 지르거나 감정 기복이 심하게 된다. 친밀감 있는 건강한 자극이 무엇보다 중요하다.

부정적 정서는 아기가 인생에서 힘들고 스트레스를 받을 때 작동한다. 의식하지 않는 순간에 마음속 깊은 곳에 숨어 있다가 갑자기 나타나기 때문에 당황할 수밖에 없다.

무엇보다 아이는 마음에 그늘진 구석 없이 밝고 순수하게 자라면 된다.

기억이 건강한 삶을 만든다

뇌 신경세포는 자극에 민감하게 반응한다. 뇌가 처리하는 현상 중 하나가 기억이다. 기억은 마음을 이해하는 것과 같다. 뇌가 정보를 학습하는 것은 신경세포인 시냅스가 활발한 활동을 하여 신경 회로망을 형성하기 때문이다.

뇌세포와 뇌세포 간의 정교한 연결망은 생후 12개월 안에 폭발적으로 성장한다. 생후 400g 정도로 작은 뇌는 12개월을 전후로 1000g으로 자란다. 이때 에너지의 상당 부분을 뇌 발달에 사용한다. 뇌세포와 연결된 신경은 330만 킬로미터(지구 둘레 약 80바퀴의 거리)가 넘고, 최말단 신경세포인 시냅스는 10~100조 정도로 그 양을 헤아리기 어렵다. 이처럼 사람의 작은 뇌는 우주보다 더 정교하고 복잡하다.

이렇게 대단한 뇌일지라도 엄마와 만족할 만한 교감이 일어나지 않거나 적절하게 자극되지 않으면 그 기능이 축소되거나 활성화되지 않는다. 따라서 아이의 욕구를 정확히 알아차리고 이것에 반응하는 것은 뇌세포를 왕성하게 움직여 온전한 성장을 이루는 데 기초가 된다.

기억은 단기기억과 장기기억으로 나뉘고, 장기기억은 다시 '회상이 가능한 기억'과 '회상할 수 없는 기억'으로 나뉜다. 뇌가 어딘가에 저장은 하고 있으나 의식 전환이 불가능한 기억이 여기에 속한다. 문제는 이 기억이 나 스스로 의식이 안 되는 상황에서 불쑥불쑥 몸과 행동에 영향을 준다는 것이다. 내가 의식하지 못하고 기억조차 없는 어린 시절에 부모와의 관계에서 수백 번, 수천 번 반복되었던 경험이 쌓여 생긴 흔적이다.

'안아 주세요, 놀아주세요, 부드럽게 말해 주세요, 사랑으로 저를 대해 주세요'라고 수없이 요청했으나, '바쁘다, 힘들다, 시간이 없다'라며 젖병만 물려 놓은 채 아이의 욕구를 채워 주지 않았던 불편한 과거가 고스란히 뇌에 저장된 것이다.

엄마가 태교하면서 좋은 음악이나 책을 읽어 주는 것보다, 자신이 스트레스를 받지 않고 최대한 평안한 마음이 되도록 힘쓰는 것이 태교에 좋다. 좋은 먹거리와 영양보다 더 중요한 것은 행복한 정서와 건강한 자극이다.

아이는 태어나는 순간부터 인생에 있어 가장 큰 스트레스를 경험한다. 아기에게 엄마의 자궁은 가장 안전하고 평화로운 곳이다. 출생은 낯설고 두려운 세상으로 던져지는 듯한 경험이다. 자궁 밖에서 만나는 모든 환경은 무의식적으로 경직될 수밖에 없는 위험요소가 된다. 즉 아기에게는 극도의 스트레스 상황이다. 이때 엄마의 따뜻한 품이 가장 좋은 대안이 된다. 자궁 속 분위기와 가장 유사한 환경에서 가장 듣기 좋았던 엄마의 심장 소리를 들으며 서서히 안정을 찾기 시작한다.

모유는 각종 영양소와 면역항체가 들어 있어서 아기에게 반드시 수유해야 한다. 질병에 대한 저항성을 높이고 성장발육을 촉진하면서 엄마와 건강한 애착이 형성된다. 태어나는 순간의 두렵고 힘든 환경을 이겨 내는 건강한 시스템이 작동하는 것이다.

가족 토론방

질문 1: '엄마는 가정의 생명'이라는 내용을 읽고 어떤 느낌이 들었는가? 현재 가정에서 '엄마'의 자리는 어느 정도 위치에 있다고 생각하는가?

질문 2: 아기는 엄마와 사랑으로 나누는 피부 접촉이나 눈 맞춤, 안아 주고 쓰다듬어 주는 것을 통해 애착이 형성된다. 애착이 아이의 전 생애에 중요한 자원으로 작용하는 이유는 무엇인가?

질문 3: 엄마의 역할이란 무엇인가? 우리 사회구조에서 엄마가 건강한 역할을 위해 필요한 과제는 무엇인가?

7
정신적 지주인 아빠

—◆——————————◆—

가정은 가장 소중한 곳이다. 가정은 개인으로서 삶을 시작하는 곳이자 인생의 대부분을 서로 의지하고 돕는 생명공동체이다. 요즘과 같이 가정이 해체되어 삭막해지는 상황에서는 가족이 인간관계의 최후 보루와도 같다.

우리나라처럼 사회환경이 빠르게 변화를 거듭한 나라도 드물다. 최근 100년간의 변화가 조선왕조 500년보다 변화무쌍하다. 급격한 변화의 소용돌이에서 가장 큰 상처를 받은 공동체가 바로 '가족'이다. 빠르게 변하는 환경을 미처 따라가지 못해 혼란을 겪는다. 어제까지 옳은 가치와 신념이라 여겼던 것들이 오늘은 천덕꾸러기 신세가 되거나 비난을 받기 일쑤다.

가족공동체가 중심이 된 사회적 변화는 부작용이 아닌 건강한 영향력으로 나타나지만, 가족체계가 무너지고 혼란하면 그 후폭풍이 수많은 사회적 문제를 양산한다.

가족 문제를 현명하고 지혜롭게 해결하기 위해서는 부부가 중심이 되어 풀어가는 것이 우선 과제지만, 급변하는 사회 변화의 소용돌이에서 얽힌 갈등을 현명하게 풀고 건강한 가족 세우기를 한다는 것은 쉬운 일은 아니다. 부부가 변하지 않는 사랑과 마음으로 서로를 인격적으로 존중하면서 개인의 가치를 있는 그대로 세워 주는 마음이 중요하다.

아버지의 부재가 가슴 아픈 이유

우리 사회를 '부권 상실의 시대'라고 말한다. 이 말을 들을 때마다 가슴이 무너져 내리는 아픔을 느끼는 이유는 간단하다. 그만큼 아버지의 자리는 우리 사회를 지탱하는 한 축이 된다는 점이다. 하지만 우리 사회는 아버지의 역할은 있으나 존재감은 없고, 헌신은 있으나 설 자리를 잃어 가면서 권위마저 실추되는 참으로 아픈 현실에 놓여 있다.

언제나 아버지들은 가족을 위해 아낌없이 주는 나무처럼 모든 것을 쏟아부으며 열심히 살았다. 하지만 가족들을 만족시키기 어려웠고 늘 지쳐 있었다. 이렇게 아버지의 자리가 위태로운 이유는 무엇일까? 아버지라는 자리의 중요성을 배우거나 건강한 역할과 권위를 어떻게 활용하는지 그 경험이 적은 것이 첫 번째 이유일 것이다. 아버지로서 자녀에게 존경받고 싶지 않은 사람이 어디 있겠는가?

그러나 우리 사회는 애초부터 존경과는 거리가 먼 길을 달려오지 않았는가 말이다. 자상한 아빠보다 능력 있는 아버지를 원했고, 존경받는 훌륭한 아버지보다 돈 잘 벌고 성공한 아버지를 치켜세우는 그릇된 문화가 주류로 자리 잡았다.

본질을 세우고 지키면서 내실을 다지기보다, 경제 논리와 성공 지상주의라는 거대한 물줄기에 휩쓸려 점점 기본까지 내주는 상황이 되었다. 아버지들은 무한 경쟁이라는 전쟁터에서 패잔병으로 낙인찍히지 않기 위해 발버둥 치느라 미처 기본을 챙기지 못했다.

세월이 흘러 정신을 차리고 보니 어느새 낡은 작업복에 새겨진 빛바랜 명찰처럼 존재감은 사라지고 아버지 자리를 지키지 못한 초라한 뒷

모습만 덩그러니 남았다.

발버둥 치며 열심히 산 것밖에 없는데, 남편으로서 어떻게 살아야 되고 아빠로서 어떻게 자녀를 양육해야 되는지 막막하기만 하다. 사회생활도 잘하고 가정도 잘 건사하는 슈퍼맨 역할을 원하지만, 마음먹은 대로 되는 것은 없다. 그저 마음뿐이다.

아버지로서 권위를 가지거나 건강한 모델이 되기는커녕 돈을 버는 기계나 하숙생 정도의 취급을 받기 일쑤다. 세월이 흐르고 나이가 들수록 가정에서 외톨이가 되어 간다.

아버지가 가정에서 권위와 설 자리를 잃으면 자녀는 건강한 정체성을 형성하는데 어려움이 따른다.

엄마의 돌봄과 사랑의 결정체인 '모성애'는 사춘기 이전에 충분하게 채워지고 공급되어야 한다. 아버지의 사랑과 돌봄의 결정체인 '부성애'는 사춘기 시기에 절대적으로 필요하다. 부성애는 사회성을 비롯한 인생의 삶의 방향과 의미를 세우는 정체성 확립에 영향을 미친다.

이 시기에 '아버지 부재'는 정서적 안정과 사회성 발달에 치명적인 결격사유로 작용한다.

·

아버지의 권위와 권위주의

·

'권위'와 '권위주의'는 현격한 차이가 있다. 권위는 주어진 힘이나 부여받은 권한을 주어진 범위 안에서 활용하는 것을 말한다. 나 스스로 세우는 권위는 진정한 권위가 아니다. 건강한 권위는 주변과 공동체에 선한 영향력을 발휘하고 얻은 아름다운 열매다.

권위주의는 일방적으로 권력을 휘두르고 외압을 행사한다. 상대적으로 약자는 원치 않아도 순응할 수밖에 없는 주종관계가 형성된다. 건강한 권위는 하루아침에 만들어지지 않는다. 오랜 시간에 걸쳐서 존중과 신뢰가 쌓여야 한다.

부성이 병들어 아버지의 권위가 실추된 시대에 유대인의 사례를 통해 건강한 대안을 찾아보자.

유대인 가정에서는 아버지만 앉을 수 있는 의자가 따로 마련되어 있다. 그만큼 아버지의 권위를 가족이 존중하고 아버지는 가족에게 존경을 받을 만한 자격과 역할을 다한다. 직장이 끝나면 곧장 퇴근하여 가족과 시간을 보내는 것은 물론 남녀의 차별이 없이 공동 육아를 기본으로 한다. 대개 아빠는 놀이를 통해 자녀와 하루 일과를 허물없이 이야기한다. 자녀가 성인식을 치르기 전까지 율법을 기반으로 한 역사와 도덕도 가르친다. 물론 학교 교육과는 별도이다.

아버지가 권위주의로 자녀를 양육할 경우 이런 문제가 따른다.

첫째, '척'하며 산다.

아버지가 힘을 남용하면 아버지의 힘에 눌린 자녀들은 자신의 의사를 표현하기보다 '척하기 달인'이 된다. 착한 척, 공부하는 척, 말을 잘 듣는 척을 하면서 산다. 우리는 자신의 에너지로 자발적으로 살 때 행복한 삶을 살게 된다. 타인의 눈치를 보지 않고 자발적으로 산다는 것은, 창의적이고 독립적인 삶을 산다는 뜻이다.

둘째, 부모에 의지한다.

권위적인 아버지는 자녀에게만 권위적이지 않다. 아내에게도 권위적일 가능성이 있는데 이렇게 되면 자녀는 일을 추진하거나 의지를 갖고 도전하지 않는다. 어머니도 아버지의 강한 힘에 눌려 참고 살아갈 가능성이 있어서 자녀는 권위적인 아버지의 눈치를 보면서 내성적이고 소심한 성격을 갖게 된다.

셋째, 자녀의 감정을 상하게 한다.

자녀를 부모가 원하는 대로 통제하기 위해서는 강압적인 방법을 사용하게 된다. 이 과정에서 감정이 상하거나 분노가 폭발하는 상황이 발생한다.

우리 선조들이 자녀와의 건강한 관계를 위해 '부자유친(父子有親)'을 중요한 덕목으로 여겼던 점은 우리에게 많은 것을 시사한다. 서로 관계하기 어렵고 친밀하지 않으면 자연스럽게 교육하기 어렵다.

어린 시절 부모를 통해 사람다움을 배우는 것이 '가족 학교'다. 부모는 가장 좋은 선생님이고, 돌보는 양육자이며, 함께 놀아주는 친구인 셈이다. 사랑하는 자녀에게 처음으로 '배움'을 가르치는 학교와 교사가 가정과 부모라는 것을 잊어서는 안 된다.

잘 먹고 잘살기 위해 '가족 학교'와 '선생님'의 자리를 외면한 채 가부장적인 권위주의에 젖어 자녀 위에 군림하는 태도에서 벗어나지 않는다면 우리 사회는 희망을 찾기 어렵다.

첫 배움터인 가정에서 교육에 실패하면 이후에 좋은 결과를 기대하기가 어렵다. '가족 학교'가 제 역할을 다하여 자녀에게 인정받는 권위 있는 부모가 되어야 한다.

질문 1: 아빠는 '정신적 기둥으로 정체성을 세우는 데 중요한 역할을 한다'라는 주장에 대해 어떤 감정이 들었는가?

질문 2: '슈퍼맨 아빠'가 요즘 대세인 시대가 되었다. 사회생활과 가정생활 모두 만능인 아버지를 기대하는 사회현상에 대해 예상되는 문제점과 해결과제는 무엇인가?

질문 3: 아버지의 자리가 점점 약해지는 사회구조에서 아버지의 권위를 세우고 건강한 아버지로 살아가려면 필요한 요소는 무엇이고, 그렇게 생각하는 이유는 무엇인가?

8
분노, 원초적 에너지

◆━━━━━━━━━━━◆

감정을 '느낀다'라는 것은 우리의 삶에 매우 중요한 의미가 있다. 일반적으로 사람들은 느끼는 것보다 생각하고 판단하는 것에 익숙해져 있다. 예를 들어 누군가를 사랑하는 감정은 머리로 이해하기보다 가슴으로 느끼는 것이다. 그런데도 사람들은 오롯이 느끼는 것을 두려워하고 이해와 설득의 개념으로 접근을 한다.

감정 자체는 좋고 나쁨이 성립하지 않는다. 감정은 생물처럼 존재하면서 살아 움직일 수 있게 만드는 원동력일 뿐이다. 다만 감정이라는 에너지를 어떻게 인식하고 상황에 적절하게 활용하느냐가 문제이다.

한 학생의 경우를 예로 들어보자.

학교에서 성적이 우수하기로 소문난 학생이 있었다. 그 학생은 주변 친구들에게 부러움의 대상이었고 무한한 가능성에 선생님들의 기대를 한 몸에 받았다. 그런데 정작 본인은 정서적으로 매우 예민했다. 무언가에 자극을 받으면 이성을 잃고 소리치거나 안절부절못하며 거칠게 화를 냈다. 흥분하거나 화가 나면 절제가 되지 않는다는 것을 주변에서 모두 알고 있었다. 한 학기가 끝나갈 무렵 결국 일이 터지고 말았다. 사소한 갈등에 화가 머리끝까지 올라오자 이성을 잃고 의자를 집어 던지는 등 난동을 일으켰다. 쌓여 있던 화가 결국 폭발한 것이다.

우리의 뇌는 몸을 보호하기 위해 원시적인 에너지인 분노를 사용한다. 외부의 공격을 받으면 편도체가 위험을 감지해 즉각 반응한다. 화가 나면 말과 행동이 거칠어지는 것도 뇌와 호르몬의 작용 때문이다. 신체적, 정신적으로 위험한 상황이 되면 변연계가 자동으로 작동해 경고를 보낸다.

시상하부는 스트레스 호르몬인 아드레날린을 분비하여 심장박동과 맥박은 빨라진다. 심장이 빨리 뛰면서 뇌와 근육에 많은 양의 산소와 영양분이 공급된다. 바뀐 혈류는 근육을 튼튼하게 만들어 외부의 공격에 민첩하게 반응하도록 한다.

강력한 에너지를 받으면 신속하게 두 가지 중 하나를 선택해서 대처한다. '싸우거나(공격 반응)' 아니면 '도망가기(도피 반응)'이다. 강도를 만나거나 불이 나는 등의 위험 상황에서 엄청난 괴력으로 위기를 모면하는 경우가 이런 현상 때문이다. 이처럼 분노는 외부의 상황과 위험에 맞서 싸울 경계태세를 갖추도록 하고 몸을 활성화시킨다.

분노는 여러 감정 가운데 가장 강력하고 파괴적인 에너지로, 나와 가족을 지키는 생존 도구였다. 문명이 발달하지 않았던 원시 환경에서 맹수의 공격이나 적으로부터 소중한 가족과 재산을 지켜내었다.

수천 년 동안 우리 몸속의 DNA는 생명의 위협이 되는 순간에 분노를 적극적으로 활용했다.

하지만 현대사회는 생명의 위협을 느껴 생존 도구를 사용할 일이 거의 없다. 사회 시스템이 잘 갖춰져 있어서 분노를 일으키거나 자극할 환경이 아니다.

스트레스가 지속되면 뇌 스스로 생존하기 위해 심장을 빨리 뛰게 해서 근육을 긴장시킨다. 공격하기 위해서다. 그런데 문제는 실제로 분노를 일으키지 않고 생각만으로도 '싸우기'와 '도망가기' 반응이 나타난다.

분노, 몸으로 말한다

화를 잘 내는 사람은 일반 사람과 다르게 작은 자극이나 스트레스 상황에서도 반응이 강하게 나타난다. 강한 자극은 교감신경을 통해 아드레날린과 노르아드레날린을 분비시킨다. 혈압이 올라가면서 맥박이 빨라지고 높아진 혈압이 혈관 내벽을 손상하는 부작용이 일어난다. 혈중 지방은 콜레스테롤로 전환되어 혈관에 부담을 주고, 혈당과 인슐린 저항성이 생겨 체중 증가로 인한 당뇨와 같은 합병증을 유발한다.

우리가 무의식적으로 억누르고 있는 순간에도 몸은 그 감정을 기억해 낸다. 몸은 통증을 통해 우리에게 몸이 정상이 아님을 알려 준다. 때로는 긴장을 하기도 하고 어떤 상황에서는 아픔을 주는 등 다양한 모습으로 반응을 한다. 자기 몸에 관심을 기울이고 적절하게 대처하라는 신호인 셈이다. 부모들은 자녀가 어린 시절 양육과정에서 겪었던 부정적 감정을 기억하지 않기를 간절히 바라나 현실은 항상 그 반대이다. 수치심이 되어 부정적 영향을 주거나 물리적 학대인 폭력과 정서적 학대에 이르기까지 모든 것을 기억하여 저장한다.

특히 어린 시절의 학대와 폭력은 정서적 외상을 동반하여 물리적 상처로부터 살아남기 위해 자신의 감정을 억누르게 된다. 감정을 느끼는 순간 너무 힘들고 고통스러워 감정을 닫아 버리는 것이다. 감정은 온도 조절장치처럼 주변 상황에 따라 예민하게 작동해야 한다. 어릴 때 깊은 상처에 노출되면 이 장치가 조절 기능을 잃게 된다. 감정을 표현하

가족,
넌 괜찮니?

면 오히려 물리적 고통이 따르거나 조롱과 비난을 받기 때문에 감정 자체를 느끼려 하지 않는다. '감정은 숨길수록 좋아. 드러내면 위험하니까'라고 믿으며 산다. 자신의 감정 자체를 느끼지 않으려고 애쓰기 때문에, 삶 전체가 스트레스다. 몸에서 자동으로 일어나는 감정을 억지로 부인하거나 억누르기 때문에, 심각한 아픔을 겪은 후에 깨닫는다.

.

꼭꼭 숨어버린 감정

.

숨바꼭질 놀이를 해 본 경험을 가진 사람이라면 이 게임의 특징을 잘 알고 있을 것이다. 술래에게 들키지 않으려고 자신만의 안전한 공간에 꼭꼭 숨는 특징이 있다. 이 놀이처럼 겉으로 표현되어야 하는 감정을 숨긴 채 역할이라는 가면을 쓰고 생활하면 문제가 발생한다.

성실한 남편의 역할, 착한 아내의 역할, 말 잘 듣는 자녀의 역할, 문제없이 잘 사는 가정의 모습 등이 그렇다. 어린 시절 정서적 충격이나 학대로부터 자신을 보호하기 위해 감정을 닫고 차단하는 경우가 그렇다. 어린아이가 어른의 물리적 행동을 감당하며 대처하기란 쉽지 않다. 견디기 힘들 때 자신을 지키려고 감정 자체를 차단하게 된다. 자기만의 안전한 공간에 숨어서 나오지 않는 것이다.

감정은 자전거 타기와 같다. 멋진 자전거를 선물받았어도 타지 못하면 쓸모가 없다. 자전거를 끌고 다니면 무거운 짐이다. 자전거에 올라 힘차게 페달을 밟고 원하는 방향으로 달려갈 때 만족하게 된다.

감정은 자전거와 닮았다. 감정 뒤에 숨는 것이 아니라 올라타서 가고 싶은 곳으로 페달을 밟으면 된다. 느껴지는 대로 느끼면서 내면에 쌓아두지 않아야 한다. 우리는 이것을 EQ(감성지수)라고 한다. 자신이 느끼는 감정을 있는 그대로 느낄 때 자기 이해가 되어 자기 주도적인 삶을 살게 된다. 불행하게도 어릴 때 감정 뒤에 숨으면 자신이 느끼는 감정이 무엇인지 알기 어렵게 된다. 감정을 스스로 차단하는 것이 위험으로부터 자신을 지키는 것이라 믿기 때문이다.

이렇게 감정을 숨기고 억누르게 되면 '척하기 달인'이 된다. 좋은 사람인 척, 아무 문제가 없는 척, 아프지 않은 척, 이렇게 가면에 가면을 쓰면 삶은 행복할 수 없다.

가족 토론방

질문 1: 분노는 생존에 필요한 에너지로 시대별 차이를 보인다. 원시시대에는 맹수의 공격이나 적으로부터 생명과 가족을 지키는 원동력이었다. 그러나 현대사회는 분노를 금기시한다. 이 문제를 어떻게 해결해야 한다고 생각하는가?

질문 2: 감정을 숨기거나 적절하게 표출하는 것을 차단하는 사회적 현상이 만들어진 이유는 무엇인가?

질문 3: '자신의 감정을 있는 그대로 느낄 때 자기 이해가 되어 자기 주도적인 삶을 살게 된다'라는 내용을 보면서 어떤 느낌이 들었는가?

가족,
넌 괜찮니?

9
감정으로 말해요

우리의 몸은 외부에서 오는 자극에 대해 민감하게 반응하도록 구성되었다. 뇌는 오감이라는 감각기관과 자극을 통해 정보를 받아들이고 처리하게 된다. 이때 어떤 자극에 대해서 몸이 스스로 반응하는 것을 감정이라고 한다. 내부로 들어온 정보가 마음이라는 시스템을 통해 처음으로 외부로 모습을 드러내는 부분이 바로 감정인 것이다.

지금 내가 느끼고 있는 기쁨, 슬픔, 즐거움, 놀라움과 공포 등 우리가 일상생활에서 느끼는 일반적인 감정들이 여기에 속한다. 감정은 인간이 자연적으로 타고난 본능에 가까운 속성이기 때문에 내 삶과 일상에 대해 잘 알고 있다. 그래서 이렇게 표현하기도 한다. '감정을 알면 내 마음을 알 수 있다'라고 말이다.

하지만 우리는 감정에 대해서 의외의 반응을 보인다.

상담과 강의 현장에서 "그 당시 어떤 감정을 느꼈는지 말해 줄 수 있나요?"라고 물으면 "감정이요? 잘 모르겠어요" "꼭 알아야 하나요?"라는 대답이 대부분이다. 감정이 일상생활과 긴밀하게 연결이 되어 있어, 어떻게 표현하고 조절하느냐는 인생의 향방을 가르는 중요한 문제가 된다.

단세포는 외부의 자극에 즉각적으로 반응하지 않으면 생존이 어려워 좋은 것과 나쁜 것을 구별해 내는 능력이 탁월하다. 도움이 되는 자극은 적극적으로 쫓아가고 나쁜 자극에 대해서는 목숨을 걸고 저항하면서 싸운다. 본능이라는 프로그래밍이 작동하기 때문이다. 그러나 고등 동물로 갈수록 좋고 나쁨이라는 단순한 구조가 아닌 복잡한 구조로 작동하게 된다. 그래서 사람의 뇌는 크게 세 부분으로 나뉘어 서로 다른 역할과 작용을 통해 감정이 만들어진다.

첫째, 뇌간이다. 어떤 자극이 왔을 때 곧바로 대응하기 위해 반사작용을 하는 뇌간이 바쁘게 움직인다. 호흡과 심장박동은 물론 체온과 혈압 조절까지 생명의 근원인 자율신경 중추를 건강하게 하고 면역력 기능을 높여 생명을 유지하는 일을 한다.

둘째, 변연계이다. 기억을 담당하는 해마와 감정을 조절하여 먹고 싸우고 도망가며 성적인 본능을 관장하는 편도체가 있다. 태어날 때부터 기쁨, 슬픔, 공포, 분노, 쾌감, 놀라움, 혐오 등 7가지 기본감정을 성숙한 형태로 가지고 태어난다. 갓 태어난 아기라 하더라도 생존에 필요한 자극을 구분하여 반응하기 때문에 동물 뇌(본능적)라고도 한다.

셋째, 대뇌피질이다. 인간의 뇌에서 가장 큰 부분으로 전두엽, 측두엽, 두정엽, 후두엽으로 나눈다. 듣고 말하기, 생각하기, 분석하기, 기억하기 등의 기능을 담당한다. 그래서 이를 사람 뇌(신 포유류 뇌)라고 부른다.

•

감정 표현과 소통

•

감정은 현재 상황을 본능적으로 느끼고 반응하도록 해 준다. 그래서 최대한 솔직하고 자연스럽게 감정을 느끼고 표현하는 것이 중요하다.

요즘은 과거와 달리 자신의 감정을 있는 그대로 표현하는 것을 장점으로 인정해 주는 시대가 되고 있다. 주변의 시선이나 눈치를 보지 않고 감정을 숨기지 않고 표현하려는 사람들이 많아지고 있는 것은 다행스러운 일이다.

우리 사회가 밝아지고 있다는 측면에서는 긍정적이라고 말할 수 있으나 개념 없이 감정을 드러내는 것은 지양해야 한다. 감정을 표현하는 것도 적절한 원리가 있기 때문이다.

예를 들면 비만으로 건강에 적신호가 켜진 사람이 아무런 준비나 계획도 없이 무리하게 다이어트를 한다고 해서 건강에 도움이 되지는 않는다. 감정은 본능적 요소가 더 강하기 때문에 내 의지대로 조절되는 것이 아니라 무의식적으로 반응이 나타난다. 배가 고프면 몸이 자동적인 반응을 보이는 이치와 같다. 좋아하는 음식이 종류별로 떠오르면서 입에서는 침샘이 요동을 치고 배에서는 꼬르륵 소리가 난다.

다이어트도 과학이다. 성공하기 위해서 의식과 무의식의 균형을 이루는 것이 필요한 것이다.

운동도 몸이 필요로 하는 운동을 해야 도움이 되듯이, 감정 표현도 이와 같다. 내가 느끼고 경험한 감정이지만 표현할 때는 적절한 방법이 중요하다.

사람은 인간관계에서 감정의 변화가 쉽게 일어난다. 감정은 마음을 연결하는 통로인 동시에 상대방의 세계로 들어가도록 안내해 주는 중요한 관문이다. 관문에 문제가 생기거나 가로막히면 교류에 어려움이 오기 때문에 상대방이 무슨 생각을 하고 어떤 마음으로 일을 계획하고 있는지 제대로 알 수 없다.

그렇다고 원활한 감정의 교류가 중요하다고 해서 상대방의 감정에 따라 이리저리 끌려다니면 안 된다. 아무리 가까운 가족이라 하더라도 서로의 감정이 분리되지 않으면 부정적인 영향을 주는 일이 생기기 때문에 감정 분리는 중요하다.

예를 들어 상대방이 우울한 기분으로 내게 다가올 경우를 가정해 보자. 그것은 그 사람의 감정일 뿐이지 나와는 상관이 없다고 과감하게 선을 그어야 한다.

그러나 우리의 현실은 이론과 다를 때가 더 많다. 만약에 남편이 아무런 이유도 없이 화를 낸다고 하면 그것은 남편의 감정이지 나와는 상관이 없는 일이라고 딱 잘라 선을 긋고 영향을 받지 않기가 쉽지 않다.

특히 가까운 부부나 가족의 경우는 더욱 그렇다. 어떤 상황에서 당당하고 건강하게 선을 긋고 지혜롭게 마무리하기가 쉽지 않다.

부모가 혼란하면 자녀 역시 같은 현상을 보인다. 어린 자녀를 둔 부모들은 아이가 어려 감정을 제대로 느끼지 못할 것이라는 판단에 신중하지 못한 태도를 보일 때가 있는데 실제로는 그렇지 않다. 이미 아이는 태중에 있을 때부터 자신에게 긍정적인 감정과 부정적인 감정을 구분하고 상황에 맞게 반응을 보인다.

갓 태어난 아기도 기본 감정을 가지고 태어나기 때문에 엄마의 역할과 반응이 중요하다. 배가 고프다고 사인을 보냈는데도 엄마가 곧바로 아기의 욕구를 채워 주지 않으면 기분이 상해 울음으로 자신의 기분을 표현한다. 반대로 엄마가 재빨리 알아채서 젖을 물려 주면 기분 좋게 잘 놀게 된다.

엄마와 갓난아기는 몸의 반응과 미세한 감정변화를 통해 소통한다. 몸으로 표현하는 감정을 엄마의 언어로 재해석하는 능력이 있는 것이다. 비록 몸은 약하고 어리지만 감정은 장성한 어른과 소통하는 데 전혀 어려움이 없는 것이다.

자녀가 하루가 다르게 몸이 성장하듯이 감정의 교류도 활발해지고 소통의 폭도 넓어지도록 함께 노력해야 한다. 몸이 건강하게 성장하려면 균형 잡힌 영양공급은 선택이 아닌 필수이듯이, 감정소통을 위해서도 많은 에너지가 필요하다. 그러나 우리의 현실은 안타까움을 넘어 심각한 우려의 길로 가고 있다. 자녀의 성장과 더불어 감정의 교류도 활발해지고 소통의 폭도 넓어져야 하는데, 우리 사회는 그 반대 방향으로 고속 질주하고 있으니 말이다.

우리는 상대방이 내 마음을 헤아려 줄 때 기분이 좋아지면서 긍정적인 에너지가 나온다. 반대로 내 마음을 몰라주면 서운하고 짜증이 나면서 화가 난다. 이때 올라온 부정적 에너지는 쉽게 사라지지 않고 오랫동안 주변을 맴돌며 이곳저곳에 영향을 준다. 문제는 이런 상황이 반복될 때 더 심각하게 나타난다. 상대방이 미워지는 것은 물론이고, 관계 단절이 장기화될 수 있다는 점에서 지혜로운 접근이 필요하다고 하겠다.

자녀와 소통을 잘하기 위해서는 잘 듣는 훈련이 필요하다. 임신 초기 태교를 하면서 교감을 시도하며 행복감을 감추지 못하던 기억을 떠올려 자녀와 교감하는 데 많은 에너지를 쏟아야 한다.

왜 태교 음악을 들려주며 교감하는가? 청각은 오감 중에 가장 먼저 발달하는 기관으로 임신 후 3개월 정도면 태아에게 소리가 전달된다는 것을 엄마는 알고 있기 때문이다. 엄마, 아빠가 직접 들려주는 동화나 목소리는 정서적 안정과 뇌 발달에도 상당한 역할을 한다.

그러므로 갓난아기라 하더라도 부모와 충분한 상호작용이 될 수 있도록 교감에 집중해야 한다. 말이 잘 통하지 않는다고 폭언을 하거나 심한 욕설을 하는 것은 뇌에 아픈 흔적을 남기고 이후의 삶에 부정적인 영향을 미치게 된다.

·

내 감정 해결하기

·

어떤 감정이든 자신에게서 발현된 감정은 오롯이 자신의 것이다. 물론 상대방이 원인을 제공하거나 민감한 곳을 자극하는 경우도 있다. 그렇다 하더라도 내 마음에서 일어난 감정이 상대방 탓이라고 우긴다고 해서 그 사람 감정이 되지는 않는다.

평소에 내 감정을 스스로 인정하고 책임지는 자세가 중요하다. 자신의 감정을 숨기거나 남의 탓을 하는 것은, 감정을 다스리고 해소하는 데 결코 도움이 되지 않는다.

이런 현상은 우리가 평상시 사용하는 말 속에 고스란히 담겨 있다.

"너는 왜, 항상 짜증이야!"
"짜증이라니요? 내가 언제요~"

위에 있는 사례는 감정의 원인과 결과를 자기가 아닌 타인에게 돌리며 공격하는 것이다. 일어난 감정을 상대방 탓이라고 몰아붙이게 되면 감정이 일어난 원인은 온데간데없이 사라지고 결과만 덩그러니 남는다. 이렇게 되면 감정이 가라앉은 후에 문제를 해결하려고 해도, 감정의 찌꺼기만 남아 있기 때문에 쉽게 해결되지 않는다.

이런 경우라면 자신의 감정을 먼저 찾는 것이 중요하다. 아이의 어떤 상황이나 행동이 내 감정을 출렁이게 했는지 알면 대화 자체가 달라진다.

"엄마가 부를 때, 네가 대답을 바로 해 주면 좋겠어. 대답을 안 하면 엄마는 짜증이 나고 화가 나."
"네가 인상을 쓰면서 말을 하니까 아빠도 기분이 안 좋아. 부드럽게 말하면 좋겠는데~"

이렇게 자신의 감정을 있는 그대로 느끼면서 이 감정이 어디서부터 왔는지 원인을 찾으면서 대화를 하는 연습이 필요하다.

부부간의 대화도 이와 같다. 연습하지 않으면 상대방의 감정을 모른다.

"당신은 자기만 생각하는 이기주의자야. 나에게는 아무런 관심도 없고~"

이렇게 말하면 내 감정을 상대방 탓으로 돌리면서 공격하는 상황이 된다.

"당신도 중요하지만 나에게 관심을 좀 더 가져 주면 좋겠어. 난 당신에게 존중받고 싶어."

같은 말이라도 어떻게 표현하느냐에 따라 완전히 달라진다.
모든 감정은 내 속에서 만들어지고 표현된다는 사실을 인정하고, 지금 일어나고 있는 감정이 나에게 어떤 의미고 무엇을 설명하고 있는지 아는 것이 중요하다. 이를 위해서 적절한 질문을 하면서 현재 일어나고 있는 상황을 객관적으로 해결하는 노력이 필요하다.

현재 상황을 정확하게 파악하는 방법을 알아보자.

* 화가 난 상황을 있는 그대로 인정하고 받아들인다.
* 상대방 탓을 하거나 원망하지 않는다.
* 화가 현재 상황 때문인지 아니면 과거의 묵은 감정인지 확인한다.
* 감정을 주체하지 못하고 상대방을 더 자극하고 있지는 않은지 파악한다.

가족 토론방

질문 1: 어린 자녀는 하루가 다르게 몸이 성장하듯 감정의 교류도 활발해져야 하는데, 이것을 삶에 구체적으로 적용한다면?

질문 2: 감정의 교류가 활발해지는 소통을 위해 내 마음을 헤아려 주는 것이 중요하다. 그 이유와 근거는 무엇인가?

질문 3: '모든 감정은 내 속에서 만들어지기 때문에, 감정이 나에게 어떤 의미고 무엇을 설명하고 있는지 아는 것이 중요하다'라는 말에 대해 어떤 느낌이 들었는가?

가족,
넌 괜찮니?

10
분노, 제대로 알고 다스리자

✦━━━━━◆━━━━━✦

"왜 참아야 하죠? 더는 참을 수가 없어요!"

화가 머리끝까지 올라온 상황에서 분노를 폭발한 경험이 있다면 누구나 공감하는 일이다.

왜 분노를 참을 수 없는가? 감정을 담는 그릇은 풍선처럼 수축과 팽창을 한다. 평상시 수축 상태를 보이다가 화가 나면 팽창을 하는 구조다.

감정을 담는 그릇은 분명히 한계가 있다. 처음에는 끝없이 늘어나 모든 것을 담아낼 것 같았던 그릇은 어느새 팽창하여 금방이라도 터질 것처럼 된다.

평상시에 일반적인 감정은 자연스럽게 몸에 전달되어 우리가 몸으로 함께 느낀다. 기쁜 감정은 몸에 전달되어 저절로 입꼬리가 올라가면서 웃음이 나고, 몸에는 건강한 에너지로 활력이 넘치면서 무슨 일이든지 할 수 있다는 자신감이 생긴다.

반대로 부정적 감정에 휩싸이면 얼굴이 창백해져서 찡그리며 짜증을 내고 그 에너지를 외부로 보내려는 경향을 보인다. 그 힘이 기준을 넘어 통제력을 잃는 것이 우리가 흔히 말하는 '폭력'의 실체다. 통제력을 잃을 만큼 감정이 폭발하면 면역체계에도 영향을 미쳐서 감기에서부터 큰 질병에 이르기까지 위험에 노출된다.

NK세포는 암세포만 골라 죽이는 세포로 유명하다. 하지만 만성적인 분노가 있는 경우 NK세포가 활성화되지 않아 암을 이기는 힘이 현저히 떨어진다. 특히 만성적 분노조절 장애는 심장에 부담을 주고 감염에 대한 저항력 감퇴와 면역기능을 떨어뜨리는 주요 요인이다.

　　감정을 제대로 다스리지 못할 때 이런 반응이 나타난다.
　　첫째, 분노를 억제한다.
　　감정을 폭발할 경우 주변 사람들에게 피해가 된다는 사실 때문에 분노를 억제하거나 회피하는 경우가 있다. 특히 우리나라는 꾹 참는 것을 미덕으로 여기는 문화가 아직도 상당하다는 것을 기억해야 한다. 사람은 무턱대고 참다가 한계에 도달하면 우울감에 노출된다. 우울한 감정은 어느 누구에게나 쉽게 나타나는 현상으로 언제 그랬냐는 듯이 제자리로 쉽게 돌아온다. 하지만 우울장애는 건강한 자리로 쉽게 돌아오지 못한다. 내 의지가 약해 나타나는 것이 아니라 정신적 시스템에 오류가 발생해 나타나는 질병이기 때문이다.
　　그렇다고 무턱대고 분노하면 좋아할 사람은 없다. 분노하게 되면 사람들에게 경계의 대상이 되고, 결국 주변에 사람이 떠나면서 소외되고 만다. 그렇다고 언제까지 분노를 꼭꼭 숨겨둘 수는 없다. 억제된 분노는 결국 터지고 폭발해서 인간관계에 치명적인 결과를 불러오기 때문이다.
　　둘째, 분노 폭발 후 기억이 사라진다.
　　분노를 일으킨 후에 자신이 한 행동이나 말을 기억하지 못하는 경우다. 처음부터 기억에 문제가 생기는 것이 아니라 감정이 폭발하는 시점부터 기억장치가 정상적으로 작동하지 않는다. 평상시 작동하는 범위를 벗어나 전두엽이 명령을 내려도 통제가 안 되는 것이다. 감정을 담는 그릇이 깨지면서 설득을 해도 소용없고 진정을 시켜도 효과가 없다.

화가 난 사람은 대화에 문제가 없다. 화가 난 상황에서도 진정시킬 수 있고 어느 정도는 말이 통한다. 그러나 감정이 폭발한 상황이 되면 자신만의 세계에 빠진다. 주변의 말도 들리지 않을 뿐 아니라 듣더라도 자기가 듣고 싶은 대로 들어서 오해를 부추긴다.

셋째, 통제력을 상실한다.

분노는 강력한 에너지다. 평상시 사람의 뇌는 전두엽이 맡아 조절과 통제 기능을 하면서 사람다운 모습을 유지한다. 그러나 분노가 폭발하는 상황이 발생하면 전두엽은 그 기능을 순간적으로 잃는다. 시스템이 잠시 멈추면서 담당하던 기능이 마비되는 초유의 사태가 벌어진다. 스트레스 상황이 되면 심장박동이 빨라지면서 많은 피가 온몸에 전달되어 근육을 움직이는 에너지가 된다. 반대로 에너지와 행동을 적절하게 조절하던 뇌는 평소에 오던 피가 다른 곳으로 가면서 기능이 저하된다. 일시적으로 통제력이 상실되는 것이다.

사람이 사람다움을 잃고 물건을 던지거나 폭언과 폭력을 사용하는 것은, 사람이 괴물로 변한 것이 아니라 분노로 인해 뇌가 통제력을 잃어 나타나는 현상이다. 분노가 폭발한 후 에너지가 어느 정도 약해지면 부분적으로 상실되었던 통제력은 서서히 제자리를 찾는다.

"정말 미안해. 겁을 준다는 것이 주먹이 나갔어. 다시는 안 그럴게."
"내가 그때 무엇에 홀린 것 같아. 내 정신이 아니야. 제발 용서해 줘."

이처럼 시간이 어느 정도 지나면 후회와 미안한 마음에 사과를 하는 것도 이런 이유가 한몫을 차지한다.

감정조절이 어려운 상황

감정이란 표현하기 어려울 정도로 복잡하다.

감정에 휘둘리지 않고 들어온 그대로의 정보와 자극을 분석하고 통제하기 위해서는 뇌의 모든 부위가 일정하게 작동하지 않으면 안 된다. 감정적 반응을 필요한 곳으로 보내는 일 또한 중요하고, 들어온 정보를 이해하고 분석하여 적절하게 조치하는 것도 중요하다.

뇌의 기능이 일시적으로 혼란해져 감정조절이 힘들 때가 있다. 다음과 같은 경우다.

첫째, 알코올과 약물 남용이다.

술은 뇌 건강에 가장 해로운 것 중 하나다. 자기의 주량보다 많이 마시는 폭음은 더욱 뇌 건강을 위협한다. 우리 몸으로 위해요소인 독소가 들어오면 간으로 보내 해독하게 된다.

알코올은 대사 과정에서 간으로 보내 반드시 해독한다. 이때 걸리는 시간이 48시간에서 72시간이다.

뇌는 간과 비교해 보면 알코올에 더 취약하다. 한 번의 폭음으로 뇌가 쪼그라지고 위축되면 다시 정상적으로 기능을 회복하는 데 약 40일 정도의 시간이 필요하다.

약물의 오남용은 우리 사회에 큰 재앙으로 알코올에 버금가는 충격을 주고 있다. 술에 취한 상태에서 약물까지 과다 복용할 경우 몸에 치명적인 결과를 불러온다.

둘째, 스트레스 문제이다.

화를 잘 내는 사람은 스트레스를 받으면 강력한 육체적 반응을 보인다. 심장의 박동과 호흡이 빨라지면서 뇌에 혈액을 많이 보낸다. 뇌는 에너지가 많이 공급되면서 응급 상황에 대응하려는 욕구가 커지는 반면 인지 기능은 현저하게 떨어진다. 그래서 화를 효과적으로 처리하지 못하는 현상이 발생하는 것이다.

심호흡과 긴장 완화로 스트레스를 관리하면 마음속에 화가 있어도 이성을 잃고 날뛰는 상황은 벌어지지 않는다.

셋째, 가족에 관한 일이다.

가족은 객관적인 거리를 둘 수 없는 특별한 관계다. 자녀가 아프면 다른 사람이 아픈 것과 비교할 수 없는 고통이 따른다. 부모가 욕을 먹으면 자녀는 뚜껑이 열릴 정도로 화가 난다. 가족을 자신과 동일시하는 감정 때문에 일어나는 일종의 '착각'이다. 그래서 가족에 관한 일로 감정이 서로 얽혀 있으면 해결하기가 어렵고 더 복잡하게 얽히는 경우가 많다.

●

분노, 효과적으로 다스리기

●

첫째, 분노를 인정하라.

기쁨이나 두려움처럼 분노도 감정이다. 우리는 분노가 지금 나에게 어려움을 준다고 해서 무턱대고 거부하는 경우가 많다. 당황스럽고 누군가에게 피해를 줄 수 있다는 생각에 멀리하게 된다. 그러나 분노 감정도 내 마음에서 일어나는 자연스러운 현상이라는 것을 인정하고 그 이유를 찾는 것이 중요하다.

우선 화가 난 상황을 잘 파악해야 한다. 지금 무슨 일이 왜 일어난 것인지, 나에게 중요한 일인지, 분노하는 이유가 있는 것인지, 지금 상황은 바뀔 수 있는지 등등.

이렇게 분노가 파악되면 밖으로 내보내는 연습이 필요하다. 안전한 공간에서 상대를 떠올리면서 대화를 시도하는 것도 좋고, 믿을 만한 사람이나 전문가를 찾아가 표현하는 것도 좋다. 분노의 실체를 인정하고 건강하게 다스려 밖으로 내보내지 않으면 해결되지 않는다.

둘째, 몸을 움직여라.

하루아침에 분노에서 해방되는 비법은 없다. 몸을 꾸준히 움직이는 운동이나 취미 활동은 분노 해소에 도움이 된다. 몸을 움직이고 활동하는 것만으로도 신경전달물질이 왕성하게 촉진되어 마음에 평안함을 준다. 평상시 감정의 흐름을 파악해 들여다보기만 해도 에너지의 흐름이 건강한 쪽으로 흘러간다.

셋째, 어제가 아닌 오늘을 살아라.

분노를 일으킨 어제의 사건을 아프겠지만 천천히 들여다보아야 한다. 몰려오는 미안함과 죄책감이 분노의 실체보다 크게 작용할 가능성 때문에 사람들은 회상하고 점검하기를 불편해한다.

분노가 일어난 어제의 상황을 인정하고 받아들이는 오늘이 없으면, 분노에서 자유로운 내일을 기대하기 어렵게 된다. 과거의 분노가 오늘의 내 삶을 흔들고 공격하지 않도록, 어제의 감정이 아닌 새로운 날에 어울리는 마음의 자세를 갖기 위해 과감하게 어두운 감정을 내려놓아야 한다.

질문 1: 분노를 어떻게 인식하는가에 따라서 대처하는 방식이 달라진다. 평소 분노에 대하여 어떤 생각을 하고 있는가?

질문 2: '참는 것이 미덕인 사회'에서 감정을 있는 그대로 표현하기란 상당한 용기가 필요하다. 이와 같은 사회현상을 보면 어떤 생각이 들고, 감정을 건강하게 표현하려면 무엇이 필요하다고 보는가?

질문 3: 분노를 표현하면서 겪었던 복잡한 감정과 에피소드를 서로 나누고 함께 공유할 수 있는가?

11

인성, 삶을 적시다

✦───────────◆───────────✦

사람은 사람으로 존재하는 것만으로도 의미가 있고 그 자체로 더없이 아름답다. 두고 보기에도 아까울 만큼 소중해서 사람들은 음률에 가사를 담아 노래로 표현했다.

'당신은 사랑받기 위해 태어난 사람. 지금도 그 사랑 받고 있지요.'

노래를 부르면 부를수록 가슴이 먹먹해지고 눈가에 이슬이 맺히는 아름다운 곡이다.

그러나 우리 사회는 노래의 가사처럼 사람들의 살아가는 이야기가 가슴 먹먹한 감동이 되지 못한다. 오히려 사람으로 인해 불안과 두려움을 느끼며 경계를 하게 된다.

사람은 사랑받기 위해 태어났고, 삶의 과정에서 사람답게 인간의 존엄성을 지키며 살다가, 아름답고 행복하게 생을 마감하는 것을 목적으로 하고 있다. 하지만 '경제적 풍요와 성공'이 행복한 삶이라는 왜곡된 틀을 정해 놓고 밤낮없이 달려가는 현대인들에게는 딴 세상 이야기에 불과하다.

행복은 성공하고 난 후 얼마든지 느낄 수 있다는 생각이 가득하다. 존엄성 역시 별반 다르지 않다. 그러나 이 문제는 단순하게 우선순위가 바뀐 정도로 끝나지 않는다. '돈과 성공'이 목적이 되는 순간 어느새 진정한 행복은 온데간데없고 그 자리엔 탐욕과 허영심만 가득하게 된다.

문제는 여기서 그치지 않는다. 기성세대의 왜곡된 가치관과 삶의 철학은 자녀 세대에게 혼란을 물려준다.

'내가 아이에게 기대하는 것은 사회가 인정할 만한 성공이다'라고 확고하게 정해 놓고 자녀를 몰아붙인다. 치열한 경쟁 사회에서 한번 뒤처지면 영원한 2등 인생이라며 조금의 틈도 용납하지 않는다.

성공 지상주의는 사람으로서의 마음가짐이나 과정 따위에는 관심도 없다. 오직 성공하면 그만이다. 결과가 좋으면 시작과 과정은 덩달아 아름답게 포장이 된다. 그러나 반대로 결과가 나쁘면 좋은 마음으로 시작하여 훌륭한 과정을 거쳤어도 비난받기 일쑤이다.

요즘 우리 교육의 대세는 '인성교육'이다. 인성교육이란 과연 무엇인가? '인간이 인간다운 성품을 가지고 인간답게 살아가도록 하는 교육'이 아닌가? '무엇보다 중요한 교육'이라는 사실에는 이의를 제기할 사람이 없을 것이다. 더구나 자녀를 키우는 부모라면 모두가 공감하는 참교육이기 때문이다.

그러나 말로는 참교육을 통해 사람이 사람답게 살기 위해서 인성을 갖춰야 한다지만 현실은 인성보다 성공이 우선이다. 무슨 수를 써서라도 경쟁에서 이겨야 한다. 인성은 그저 허울일 뿐이다.

자녀는 소중한 존재다. 자녀를 통해서 좌절되었던 뜻을 이루고 큰 보상을 기대하는 부모가 있다면 모두 내려놓아야 한다. 잘못된 욕심은 자녀를 불행으로 이끌 뿐만 아니라 우리 사회를 더 큰 위기로 몰고 간다.

인성이란 무엇인가?

인성이란 태어날 때부터 보이는 자신만의 독특한 성격으로 다른 사람과 구별되는 고유한 행동 양식이며 개개인이 만들어 내는 품격을 말한다.

사람은 태어날 때부터 자신만의 고유한 성품을 가지고 있으나 주 양육자인 부모와 정서적 유대관계를 통해 인성이 형성되어 간다. 생후 3~4년은 인성의 황금기로 몸에 삶의 방향을 설정하고 어떤 태도로 삶을 살면 좋은지 밑그림을 그리는 시기라 중요하다. 이 시기에 인성의 70~80%가 만들어진다고 많은 아동 전문가들이 주장하는 이유다.

애착의 중요성은 아무리 강조해도 지나치지 않다. 이 시기는 엄마가 아이를 향한 관심과 사랑으로 함께 있는 시간을 최대한 가져야 한다. 만약 워킹맘이라면 양보다는 질을 높여 최대한 안정 애착이 되도록 하면 된다. 무엇보다 피해야 할 것은 3세 이전에 주 양육자를 바꾸는 일이다. 만일 피치 못할 상황이라면 아이에게 충분한 시간을 주어 낯선 사람에게 맡겨지는 충격을 최소화하는 것이 중요하다.

아기는 필요한 욕구를 몸의 반응에 담아 표현하는데 엄마가 이를 재빨리 알아채고 욕구를 충족시켜 주면 감정이 상하지 않게 된다. 갓난아기는 자신이 필요한 것을 몸의 반응을 통해 표현한다. 엄마가 아기의 모든 필요를 무조건 채워 주면 아기의 심성 가운데 '양심'이라는 건강한 심력이 생긴다. 아이는 무한한 신뢰를 바탕으로 자기가 세상의 주인공이 될 수 있다는 마음을 갖게 된다. 그리고 주변을 살핀다. 자신을 사랑해 주고 신뢰하는 만큼 아이도 부모를 믿는다. 이것이 이타심

가족,
넌 괜찮니?

의 기초가 되고 사회성을 높여 인간애를 형성하는 재료가 된다.

'누가 뭐라고 해도 부모님만은 나를 믿어 준다. 세상이 손가락질해도 부모는 나와 함께 하며 언제나 사랑한다'라는 믿음은 자녀가 세상이라는 미지의 세계로 나아가는 데 천군만마인 셈이다.

이 시기에 아이는 이런 생각이나 판단을 하지 못한다. 그러나 부모가 전적으로 나를 믿어 주고 있다는 것은 본능적으로 알고 감정 반응을 보인다.

생후 3년 동안은 부모의 무조건적인 사랑과 헌신을 보여 주어야 한다. 사람이 일평생을 살아가는 데 필요한 사랑의 총량이 있는데 이 시기는 부모의 사랑이 절대적으로 필요한 시기이다. 이때 아빠는 엄마가 아이를 돌보고 사랑하는 일에 집중하고 마음을 편안히 하도록 주변 환경을 만들어야 한다. 아기가 사랑에 굶주리지 않도록 충족시켜 주어야 한다. 아이가 부모에게 사랑을 기대하는 것도 때가 있고 유효기간이 있다. 이때를 놓치면 부모도 아이도 힘겨운 갈등과 회한의 시간을 겪어야 한다.

우리 선조들은 '세 살 버릇 여든까지 간다'라는 말로 인성의 중요성을 강조했다. 이는 세 살에 형성된 성격이 여든까지 영향을 주어 삶으로 나타난다는 뜻으로 풀이된다.

현대 과학으로 밝혀진 내용도 선조들이 강조한 말과 별반 다르지 않다. 6세 전후로 양육자와 형성된 성격은 사춘기 이후 삶의 현장에서 치열하게 부딪치면서 좀 더 세밀하게 다듬어진다.

그렇다면 우리 주변에서 인성이 자취를 감추면 어떤 상황이 될까? 사회가 삭막해지고 인심이 팍팍한 것을 넘어 돈에 양심을 팔고 양심을 저버린 행동이 난무하게 되면 이런 말이 세상을 채울 것이다.

"사람이 사람이라고 다 사람이냐? 사람이 사람다워야 사람이다!"

"인간다움이 사라지면 짐승과 다를 것이 없다!"

●

인성은 가정교육이다

●

사회공동체가 유지되고 건강하게 세워지기 위해서는 인간의 존엄성이 바탕이 된 자유와 평등, 정의와 같은 이념이 필요하다. 사람이 사람다움을 잃지 않으려면 윤리와 도덕이 세워져야 한다. 인성교육은 인간으로서 고유한 독특성과 존재가치를 이해하고, 사회적 관계 안에서 인간답게 살아가도록 돕는 교육이다.

교육은 반드시 목적이 있다. 인성교육 역시 목적이 있는데 자녀에게 자신의 존재가치와 존엄성을 바탕으로 사회공동체 안에서 인간답게 살아가도록 돕는 역할이다. 마음 바탕의 중요성과 됨됨이를 동시에 추구한다는 점에서 일반교육은 분명한 한계가 있다.

인성교육을 교통신호등이라고 표현하고 싶다. 신호등은 너와 나의 안전을 위한 약속이요, 함께 세운 규칙이다. 인성교육도 가정이라는 가장 훌륭한 공동체에서 삶으로 경험되고 습득될 때 제일 효과가 있다.

태어나 3세까지는 부부가 협력해서 양육에 집중하는 시기라면 그 이후에는 집안 분위기가 아이의 정서에 무엇보다 중요하다. 부부가 화목한 가정을 만드는 것이 최우선 과제라는 뜻이다.

자녀는 환경을 먹고 자라는 것이 아니라 부모의 사랑을 먹고 자란다. 부모가 서로 사이가 좋고 가정이 화목하면 아이의 시선은 세상으로 향한다. 부모의 믿음은 세상으로 달려갈 에너지가 되어 무엇이든 하면 된다는 힘이 된다.

부모의 정서는 곧 자녀 정서의 토대가 되어 평생토록 영향을 준다. 어린나무는 환경적응에 늘 어려움이 따른다. 묘목에 상처가 나면 즉시 조치를 해 주고 면역력을 높여 주면 잘 자라듯이 부모가 건강함으로 자녀의 울타리가 되어야 한다.

부모가 싸우면서 갈등 중에 있으면 아이들은 불안하고 두려움에 노출된다. 초긴장 상태가 되는 것이다. 이때 우리 몸에서는 스트레스 호르몬이 분비되어 학습을 담당하는 뇌와 감정을 담당하는 뇌에 부작용을 일으킨다.

어린 시절에 두려움과 불안으로 스트레스가 심할 경우 아이는 무력하다는 느낌이 들면서 삶을 부정적으로 바라본다. 부모를 비롯한 다른 사람과의 관계를 형성하고 교류하는 데 어려움이 생기면서 보이지 않는 힘겨루기를 하게 된다. 그러나 부모에게 존중받고 감정에서 자유롭게 되면 언제 그랬냐는 듯이 에너지로 넘친다.

아이는 부모의 모든 모습을 그대로 따라 하면서 자신의 존재감을 찾는다. 부모의 말투와 행동, 심지어 가치관까지 흡수하면서 자신의 정체성을 세운다. 이렇게 사춘기 이전까지 부모를 모델로 성장하다가 어느 정도 에너지가 생기면 부모에게 배운 것을 재현하는 과정을 거친다.

'어린아이 보는 앞에서는 찬물도 못 마신다'라는 말은 지금도 적용되는 진리다. 자녀는 부모를 따라 배우면서 성장하는 유일한 존재이기 때문에 첫째도 모범, 둘째도 모범을 보여야 한다. 이 외에 다른 대안은 별로 없어 보인다.

질문 1: 개인과 사회생활을 하는 데 인성이 어떤 영향을 준다고 생각하는가?

질문 2: 어린아이가 부모의 말투와 행동은 물론 버릇까지 복사하듯 따라 하면서 자신의 존재감을 키우고 정체성을 세우는 이유는 무엇인가?

질문 3: '사람은 사랑받기 위해 태어났고, 삶의 과정은 사람답게 존엄성을 지키면서 살며, 생을 마감할 때는 건강한 영향력을 후대에 전해 주는 것'이라는 말에 대해 어떤 느낌이 들었는가? 나는 지금 어떤 삶을 살아간다고 생각하는가?

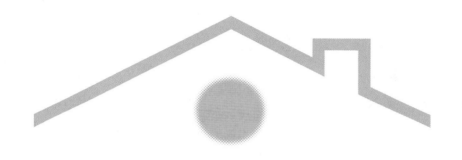

부록

부록 1
하브루타, 대화로 여는 세상

◆━━━━━━━━━━◆

하브루타(havruta)는 동반자 또는 친구를 의미하는 히브리 단어 חבר(하베르)에서 파생된 말이다. '짝을 지어 대화와 질문, 토론과 논쟁을 하는 것'으로 '함께 이야기를 나눈다'라는 의미가 있다. 하브루타는 고대로부터 전해 내려온 유대인들의 토라 공부법이다. 보통은 토라나 탈무드를 공부하면서 두 명이 짝을 이뤄 질문하고 토론하며 공부한다. 짝과 함께 학습하고자 하는 내용이나 책을 펼쳐 놓고 질문하고 토론하며 논쟁을 한다.

하브루타의 짝은 부모와 자녀, 친구와 동료, 교사와 학생, 함께한 사람 등 이야기를 나눌 수 있는 상대가 있으면 누구라도 가능하다. 둘씩 짝을 지어 책상을 마주하고 진지하게 주제를 읽고 서로 질문하고 대답을 한다.

하브루타는 전통(토라)을 다음 세대에게 전수하려고 의무적으로 공부하는 공부법인 동시에, 서로 협력적으로 학습하는 유대인 교육의 고유한 특성을 모두 지니고 있다. 이런 문화가 된 직접적인 계기는 토라를 구전으로 전수하기 위한 목적 때문이다. 이후 구전 문화는 토라가 완성된 이후로도 하브루타로 계속 유지되고 전수되었다.

특히 탈무드는 토론 시리즈로 대인관계를 통해 구성되어 있다. 관계 안에서 다양한 목소리가 표현되고 본문 해석에 대한 질문과 토론으로 재해석이 일어난다. 이 대화들 안에 토론과 주장, 논쟁과 반박 같은 요소들이 모두 포함되어 있어 지식을 습득하고 발전하는 데 하브루타가 중요한 역할을 한 것을 알 수 있다.

토라와 탈무드를 가르치는 전통 랍비들도 하브루타의 중요성을 강조했다.

"철이 철을 날카롭게 하듯이 질문하고 토론하면 더 예리한 관점을 가지게 된다."

토라의 진리는 독학으로는 깨닫기 어렵고 혼자 연구할 경우 우둔해져 결국 죄를 범하게 된다는 경고를 하면서 토론 중심의 성격을 유지할 것을 당부한다. 또한, 탈무드에 경청하기와 공감 같은 협력학습의 기술이 등장하는 것을 보면 교육이 사회적 활동이라는 것을 부정하기 어렵다.

하브루타는 4000년의 역사와 전통을 계승하면서도 사회의 필요한 현장에 자연스럽게 스며들어 영향을 주고 있다. 오늘날 일반 학교뿐 아니라 전문교육기관과 성인들을 대상으로 한 교육현장에서도 하브루타는 영향력을 발휘하고 있다. 현대식 교육현장에 다양한 형태로 퍼지면서 공통된 현상이 나타난다. 그것은 두 명의 학습자가 짝을 지어 서로 마주 앉아서 정해진 주제를 돌아가면서 읽고, 해석하고, 의견을 교환하는 형식을 갖는다.

전통 하브루타와 현대 하브루타는 몇 가지 다른 점이 있다.

첫째, 전통 하브루타는 텍스트가 토라(모세오경)와 탈무드로 규정되어 있지만, 현대 하브루타는 성경이나 주해, 고전 문학이나 예술에 이르기까지 장르가 다양하다.

둘째, 토라는 난해한 본문을 해석하고 이해하는 데 어려움이 따랐다. 그러나 하브루타를 적용하면서 해석보다는 적용에 초점을 두게 되었다.

셋째, 토라와 탈무드를 전통적으로 교육하는 예시바와 달리, 하브루타는 주제가 다양하면서도 깊이 있는 토론이 가능해 적용 범위가 넓다.

토라와 탈무드

유대인의 교육은 근본적으로 어디에 근거하고 있을까? 답은 구약성경에서 찾아야 한다. 토라는 구약성경 중에서 모세오경이 중심을 이룬다. 토라를 포함한 탈무드는 유대인의 영적 말씀이며 지혜서로 삶의 교과서이다. 토라에는 3가지 요소가 있다.

첫째, 좁은 의미는 모세오경이다. 구약성경 중에서 창세기, 출애굽기, 레위기, 신명기, 민수기를 말한다.

둘째, 구약성경 전체로 모세오경에 성문서와 선지서를 포함한 것을 말한다.

셋째, 유대인에게 2가지 구약성경이 있다. 하나는 글로 쓴 성경인 '토라'이고, 다른 하나는 구전으로 전해 오는 '장로의 유전'이다.

유대인은 출애굽 후에 광야에서부터 성막(성전)을 중심으로 생활을 해 왔다. 바벨론 포로기 이전까지는 제사 중심의 종교교육을 성전 중심으로 하였기 때문에 솔로몬 성전을 생명처럼 여겼다. 주전 586년 바벨론이 예루살렘을 침공하면서 성전이 파괴되었다. 이후 신앙과 자녀교육을 위해 회당과 랍비 제도를 만들어 율법과 장로의 유전을 가르치기 시작했다. '회당'은 종교적인 모임뿐만 아니라 사회적 모임과 인간 관계를 넓혔다. '랍비'는 스승이라는 뜻을 가진다. 토라와 탈무드를 가르치기도 하지만 백성을 재판하는 권리도 있었다. 초대 랍비는 에스라로 토라를 연구하여 주석과 해석을 달았다. 백성을 쉽게 가르치기 위해서였다. 이것이 첫 탈무드인 셈이다.

탈무드에서는 모세와 에스라의 업적을 높이 평가하고 있다. 유대인들은 장로의 유전을 보전하기 위해 자자손손 입에서 입으로 전수하다가 주후 220년경에 이를 요약하고 정리한다. 이것이 '미쉬나'이다. 미쉬나는 '반복한다' '가르치다'라는 뜻이 있다. 미쉬나에 토론과 논쟁을 거쳐 주해 및 해석을 한 것이 '게마라'이다.

탈무드는 미쉬나와 게마라를 모은 것으로 1만 2천 쪽에 달한다. 주전 500년부터 주후 500년에 이르는 구전을 2000명의 학자가 10년 동안 자료를 수집하고 정리하여 만든 것으로, 유대인 5천 년 역사의 생명과 지혜의 보고이며 지적 재산과 정신적 재산이라고 할 수 있다.

나라를 잃고 포로로 잡혀가 노예로 전락한 아픔뿐만 아니라 2000년이라는 오랜 세월 동안 전 세계에 뿔뿔이 흩어져 살아야만 했던 유대인에게 탈무드는 자신들을 지켜 낸 생명줄과 같다. 탈무드는 '위대한 학문' '위대한 고전 연구'라는 뜻으로 완결된 것이 아니라 유구한 과거부터 현재까지 계속 발전하는 책이다. 탈무드는 어떤 책을 펴 보아도 첫 장과 마지막 장은 공란으로 되어 있다. 1쪽이 아닌 2쪽부터 시작된다. 이는 탈무드를 공부하는 데 따로 시작이 없다는 의미를 담고 있다. 또한, 현재의 삶을 살아가는 과정이라 내 경험이 기록되어야 한다는 점을 설명하려는 의도가 있다. 누구나 자기 삶의 자리에서 지금 배우고 이해하여 적용하면 되는 것이다. 유대인이 탈무드를 '바다'라 부르는 이유이기도 하다. 바다가 한없이 광대하여 모든 물이 모이듯이 탈무드는 넓고 광대하여 이 세상 모든 것이 그 안에 있다는 뜻이다.

탈무드의 마지막 장도 언제나 비어 있다. 지금까지 연구된 것에 자기 인생의 경험을 써넣을 수 있다는 것을 확인시켜 주는 대목이다. 주옥같은 지혜라도 내 삶에 적용하지 않으면 소용이 없고 삶이 새로워지지 않으면 아무런 의미가 없다는 것이다.

유대인은 토라와 탈무드를 시간이 있을 때마다 두셋씩 짝을 지어 공부한다. 본문을 놓고 열띤 토론과 질문을 하면서 논쟁을 하는 형태로 평생 이렇게 공부를 한다. 한 사람이 해석하고 적용을 하면 그 해석에 반박하는 질문을 하는 방식이다. 그러다가 어느 정도 시간이 지나면 역할을 바꾸어 토론과 논쟁을 계속한다. 이것이 '하브루타'이다.

유대인은 토라와 탈무드를 끊임없이 배우기 위해 즐기는 법을 가르친다. 배움이 즐겁지 않으면 평생 지속하기 어렵기 때문이다. 그래서 유대인은 아이가 세 살이 되면 히브리어 알파벳에 꿀을 바르고 혀로 핥으며 글자를 익히도록 한다. 배움처럼 달콤한 것이 없다는 것을 깨닫고 자연스럽게 느끼게 하려는 지혜이다.

질문과 토론이 핵심이다

탈무드는 유구한 세월에 걸쳐 축적된 방대한 분량으로 일반인이 쉽게 접근하기 어려웠다. 1970년대 마빈 토케이어가 『탈무드의 지혜』 『탈무드의 처세술』 『탈무드의 웃음』 등으로 쉽게 정리해 널리 읽히게 되었다. 그는 유대인 교육에 대해 힘주어 말한다.

"유대인 교육의 핵심은 질문입니다. 좋은 질문을 하는 학생이 리더

가족,
넌 괜찮니?

가 되지요. 평생에 걸쳐 이런 질문 교육이 이뤄지면서 다른 민족이 따라올 수 없는 유대인만의 탁월한 교육이 완성됩니다."

'탈무드 디베이트'라고 하는 이 방식은 특정 주제를 있는 그대로 받아들이지 않고 끝없이 질문하고 토론하여 다른 대안과 방법을 찾도록 한다. 이것이 '탈무드 논쟁법'이다. 탈무드 한 구절을 가지고도 한두 시간씩 논쟁을 벌인다. 한쪽이 해석하고 설명하면 다른 한쪽이 왜 그렇게 해석했는지 조목조목 질문한다. 서로 격하게 논쟁하며 공방이 이어진다. 상대가 허점을 보이면 헤집고 들어가 집요하게 질문하며 논쟁한다. 논쟁하면서 그 속에 담긴 참다운 진리를 스스로 파악하고 발견하도록 한다. 여기서 주목할 점은 격하게 토론하고 논쟁한 후에 언제 그랬냐는 듯이 금방 다정해진다는 것이다. 서로를 존중하는 태도가 어린 시절부터 몸에 배어 있어서 따질 때 따지고 절제할 때 절제하는 능력을 가진 것이다. 이런 방법은 아이가 학교에 들어가기 전에 이미 가정에서부터 시작된다.

부모는 아이의 눈높이에 맞게 탈무드를 펼쳐 놓고 질문과 토론을 주고받으면서 그 내용을 함께 나눈다. 둘은 번갈아 가며 관련 내용을 읽고 자기 논리를 펼치며 공격과 방어를 이어간다. 상대방의 논리에 반박하기 위해 갖가지 아이디어를 떠올리고 빈틈없이 방어하는 동안 사고력과 지혜가 넘쳐나게 된다. 이것이 목적이기 때문에 맞고 틀린 것이 없다. 정답을 찾으려는 데 목적이 있는 것이 아니기 때문이다. 그래서 기를 쓰고 이기는 대화를 하지 않는다. 논쟁을 펼치더라도 상대방의 의견을 존중하게 된다.

아이는 모르는 것에 대해 기가 죽거나 두려워할 필요가 없다. 언제든지 질문하면 된다. 어릴 때부터 자연스럽게 부모와 대화하면서 자기 생각과 의견을 말하고 질문하면 오히려 존중받는 문화이다 보니 자기 의견을 말하고 질문하는 것을 즐긴다.

유대인 부모는 아이를 강제로 앉혀 놓고 하기 싫어하는 공부를 억지로 시키지 않는다. 중요한 것을 가르치고 싶으면 관련된 좋은 질문을 찾아서 문제를 던질 뿐이다. 그러면 아이는 그 질문에 대해서 자연스럽게 토론을 통해서 답을 찾아간다. 주어진 문제를 부모와 질문하고 토론하기 위해서 아이는 주변 자료를 찾게 된다. 책을 본다거나 깊은 생각을 하는 등 아이 스스로 부모가 던진 문제에 질문하고 토론하게 될 내용을 공부하게 된다.

토론식 교육은 비판적 사고와 분석적 사고 등 통합적인 능력을 길러 주기 때문에 두뇌 계발에 탁월하다. 질문과 토론을 하는 동안 평소 생각하지 않았던 무수한 아이디어가 떠오르면서 창의력이 생긴다. 두 사람이 토론하면 창의력과 창의력이 만나 철이 철을 날카롭게 하듯이 더 고차원적인 창의력이 생산된다. 질문과 토론의 시너지효과이다.

마빈 토케이어는 질문의 중요성을 이렇게 강조했다.

"어린이가 던지는 모든 질문은 절대 그릇된 것이 없다. 다만 어른들의 빈약하고 잘못된 답변만 있을 뿐이다."

부록 2
'가족의 날' 소개

"네 생각은 뭐니?" - 하브루타 공부법으로 아이 잠재력 키우기

왜 하브루타인가?

　엄마들 사이에서 하브루타가 뜨겁게 회자 되는 이유는 무엇일까? 몇 년 전 펼쳐진 알파고와 이세돌의 바둑 대국은 많은 학부모에게 자녀교육에 대한 깊은 고민거리를 안겼다. 우리 아이들이 살아갈 21세기에 필요한 역량은 창의성, 비판적 사고력, 소통, 협력이다.

　이는 칸이 막힌 독서실에 앉아 오랜 시간 공부하는 방법으로는 길러지기 어렵다. 특히 현 교육을 통해 이 같은 역량을 기대하기는 더욱 어려운 현실.

　유대인들의 평균 아이큐 지수는 세계에서 45등 정도로, 국가로 치면 1등인 우리나라에 비해 한참 뒤처져 있다. 하지만 유대인들은 세계 인구의 0.2%를 차지함에도 불구하고 노벨상 수상자 30%, 아이비리그 입학생 30% 정도를 차지한다. 도대체 어떤 차이가 이 같은 결과를 낳았을까? 많은 이들이 유대인 교육법에서 그 해법을 찾고 있다.

하브루타는 무엇인가?

하브루타는 짝을 지어 질문하고 토론하고 논쟁하는 것을 말한다. 한마디로 묻고 이야기를 나누는 것이다. 유대인은 토라나 탈무드를 공부할 때 둘씩 짝지어 질문하고 대답한다. 논리적이고 철학적인 접근을 통해 이들은 하나의 정답이 아닌 가장 좋은 대답을 구하기 위해 치열한 토론을 한다. 질문과 토론, 논쟁은 뇌를 격동시켜 최고의 뇌로 만들어 준다. 그들은 질문을 통해 체득한 다양한 지식을 바탕으로 상상력과 창의력을 키운다.

짝과 함께 질문하고 토론하는 하브루타는 효과적인 공부법이다. 학습 효율성 피라미드에 따르면 강의를 들으면 기억이 5%만 남고, 서로 설명하는 방법으로 공부를 하면 90%가 기억에 남는다고 한다. 하브루타를 공부와 삶에 적용해야 하는 이유다.

하브루타, 어떻게 시작할까?

유대인들은 토라와 탈무드를 가지고 가정과 학교에서 활발하게 하브루타를 한다. 하지만 우리 교육 현실에서는 쉽지 않다. 그러므로 '지금 할 수 있는 하브루타를 지속해서 실천하는 것'이 필요하다.

실천을 위해 필요한 것은 다음과 같다.

첫째, 일상적인 소재로 이야기를 시작한다.

하브루타는 질문으로 시작해서 질문으로 끝난다. 하지만 처음부터 질문하며 토론하기란 쉽지 않은 일. 우선은 일상에서 이야깃거리를 찾아 대화를 나눈다. 부모는 회사나 집에서 있었던 일을, 아이들은 어린

가족,
넌 괜찮니?

이집이나 학교에서 있었던 일, 친구와 놀았던 일 등을 나눈다.

이때 부모는 아이의 이야기를 진지하게 경청하는 자세가 중요하다. 진지하게 들어 주면 아이들은 심리적으로 안정감을 느끼게 되어 이야기에 집중할 수 있다.

둘째, 함께 책을 읽으며 하브루타 하기.

유대인들은 탈무드를 텍스트로 삼아 이야기를 나누는데, 굳이 탈무드가 아니어도 아이가 좋아하는 책으로 하루 30분 정도 하브루타를 한다. 단, 아이는 하기 싫은데 억지로 학습지처럼 시키는 것은 금물.

책을 읽기 전, 스토리에 대해 간단히 이야기하면 호기심을 가지고 책을 보게 된다. 책을 읽고 나서 아이에게 질문하며 이야기를 나눈다. 아이들이 하브루타 시간을 즐겁게 인식하도록 노력을 하는 것이 중요하다.

셋째, 일주일 중 하루를 '가족의 날'로 정하기.

유대인들은 가정을 중시하며, 아빠가 주도적으로 하브루타를 이끌어 간다. 특히 유대인들은 금요일마다 만찬을 준비해 온 가족이 모여 함께 먹는 것으로 유명하다. 아직 한국은 가정보다는 일터가 중시되는 분위기라 가족끼리 저녁 한 끼 먹기도 쉽지 않은 시대이다.

따라서 일주일에 하루는 '가족의 날'로 정해 이날만은 TV, SNS 등 미디어를 끊고 가족끼리 수다 떠는 시간을 갖자.

넷째, 베드타임 스토리.

잠들기 전, 아이들에게 동화나 이야기를 들려주는 시간을 갖는다. 엄마나 아빠와 함께 책을 읽으며 대화를 나누면 정서적 교감을 나누게 되고, 아이들에게 행복감을 준다.

"네 생각은 뭐니?"

우리나라는 학교에서 돌아온 아이에게 "학교에서 뭐 배웠니?"라고 질문을 한다. 하지만 유대인들은 다르다.

집에서 부모는 아이에게 "학교에서 뭐를 질문했니?"라고 묻고, 학교에서 선생님은 아이에게 "네 생각은 무엇이니?", "왜 그렇게 생각하니?"라고 질문을 한다.

질문도 연습이다.

우리나라 문화에서는 질문하는 것이 쉽지 않다. 하지만 연습하고 훈련하면 늘게 된다.

아이에게 "네 생각은 뭐니?"라고 물어보자. 아이들은 자신의 생각을 말하고, 부모의 말을 경청하면서 자신의 잠재력을 무궁하게 키워 나갈 것이다.

참고도서:『부모라면 유대인처럼 하브루타로 교육하라』(예담)
기획연재 자료:『하브루타로 크는 아이들』(매일경제신문사)

'가족의 날'은 나와 가족을 살리고, 학교를 살리고, 국가를 살리는 개념입니다.

http://familyday.kr
(T. 1644-2614)

가족,
넌 괜찮니?

부록 3
'가족 학교' 소개

❖————————————————————❖

우리의 현주소는?

미래에 대한 불안감으로 불확실성의 시대를 살아가는 우리에게 필요한 것은 무엇일까?

최근까지 인류는 역사상 그 유례를 찾기 어려울 정도의 빛나는 발전과 성과를 거두었다.

첨단과학과 기술을 앞세워 전 세계가 하나의 지구촌을 이루었고, 디지털혁명을 넘어 본격적인 인공지능 시대가 도래했음을 우주개발을 통해 확실하게 보여 주었다.

특히 우리나라는 한국 전쟁 이후 유엔의 경제 지원을 받는 빈민국에서 경제 규모(GDP) 세계 12위에 오른 경제 신흥 강국이 되었다. 온 국민이 경제발전에 힘을 쏟으며 가난을 다음 세대에게 대물림하지 않겠다는 일념이 전대미문의 성과로 이어져, 세계가 부러워하는 새 역사의 주인공이 된 것이다.

그러나 경제발전 뒤에 감춰진 우리 사회의 민낯은 초라하기 그지없다. 경제 지표를 제외한 삶의 전 영역에서 경고등이 켜지는 등 위기가 감지되고 있기 때문이다.

삶의 만족도와 행복지수는 경제 지표가 올라갈수록 오히려 곤두박질치고, 자살률은 OECD가 통계를 작성한 이래 단 한 번도 1위 자리를 내주지 않고 굳건하게 지키고 있다. 더 큰 문제는 10대에서 30대의 사망요인 1위가 자살이라는 사실이다.

자살은 그 사회의 건강을 점검하는 척도다. 젊은이들이 삶의 의미와 가치를 잃어버린 채 자살이라는 극단적인 선택을 한다는 것은 우리 사회가 희망보다는 절망적이라는 뜻이기도 하다.

첨단 기술과 시장 경제의 활성화로 불패 신화를 이어가던 지구촌 급행열차를 멈추게 한 것은 작은 바이러스 하나였다. 올 초 전 세계를 충격과 공포로 몰아넣은 '코로나 19 바이러스'이다. 작은 바이러스는 전 세계의 시스템을 통째로 집어삼켰다. 문제는 지금부터이다. 지금까지의 피해보다 더 무섭게 공포로 다가오는 이유는, 이 바이러스가 어디까지 확산할지, 그 피해 정도가 얼마나 미칠지 전혀 예측조차 불가능하기 때문이다.

문제는 여기서 끝나지 않는다. 지구촌은 이미 기후 변화에 따른 자연재해로 만신창이가 되어 가고 있으나 속수무책이다.

전 세계가 경제성장이라는 한 가지 목표를 이루는 동안 주변 환경과 자연을 돌보지 않았다. 오히려 파괴하고 훼손한 것이 부메랑이 되어 인류를 공격하고 있다. 기후 변화와 환경에 치명적인 지구온난화, 미세먼지, 미세플라스틱 등은 경제성장과 실용주의라는 이름으로 선진국들이 쓰고 버린 산업 폐기물이라고 해도 틀린 표현이 아니다.

너와 나, 우리가 상생하면서 더불어 행복한 사회를 만들어야 하는데, 경제적으로 부유한 나라의 탐욕은 경제적으로 고립된 나라의 마지막 남은 밥그릇마저 뺏을 기세다.

왜 가족인가?

'가족'이라는 말처럼 사람들에게 다양한 감정을 불러일으키는 것도 없다. 가족이라는 말을 듣는 순간 따뜻하고 포근한 감정이 올라오면, 언제든지 달려가 쉬고 싶은 안식처가 떠오른다. 그러나 부정적인 생각이 올라오면 쉼과 안식을 만들어 내는 행복발전소가 아니라 미움과 고통만 생산하는 갈등공장으로 전락하게 된다.

우리는 왜 가족이라는 말에 울고 웃는 것일까?

'가족'은 우리 존재의 본고장이자 사회적 소속감의 근원이고 우리 삶의 모체이기 때문이다. 가족이 함께 어우러져 울고 웃을 수 있다면, 고통이 난무하는 세상살이라도 한결 여유를 갖고 적응할 것이다.

코로나 19 사태가 보건 쇼크에서 종결되길 소망하지만, 경각심을 잃고 느슨한 틈을 타 보건 재앙에 빠지는 것은 막아야 한다. 자연재해 역시 하늘을 원망한다고 해결되지 않는다. 온난화의 덫에 빠진 지구를 구하기 위해 책임 있는 행동이 필요한 때이다.

다가올 미래는 '위기 자체가 삶의 현장'이라고 해도 틀린 말이 아닐 정도다. 위기가 꼬리를 무는 시대, 희망과 낙관을 박물관에서 찾는 시대, 과거의 영광만 노래하는 시대가 우리의 현주소가 아니길 소망한다.

세상은 과학기술의 발달로 편리와 풍요의 정점을 달리고 있다. 인류 역사 이래 지금보다 더 화려한 세상은 없었다. 풍요로움과 화려함 뒤에 감춰진 외로움은 숨기기 어렵다. 성취감으로 인생을 달래고 다독여 보지만 공허감만 몰려온다.

사람을 만나 대화하거나 공감하는 일은 사치일 정도로 바쁜 삶을 살아간다. 의사소통의 수단은 첨단을 달리는데 정작 대화를 통한 공감은 사라지고 있다.

사람은 사람을 떠나 살 수 없다. 사회적 동물이기 때문이다. 가족끼리 만나 대화하고 소통해야 산다. 주변의 친구들과 어울리며 관계성을 이어가야 한다.

사람이 핵심이고, 그 중심에 가족이 있다. 이 에너지가 시대적 위기로 불안감에 사로잡힌 사람들을 견디도록 도와주는 건강한 자원이 되도록 가족을 건강하게 세워야 내일이 있다.

가족 학교로 건강한 가족 세우기

모든 사람에게 '가족'은 특별한 공동체이다. 내 삶이 시작한 곳이자 성장하고 성숙을 이루어 가는 곳이며 삶의 대부분을 함께 한다.

옳은 일과 마땅히 행해야 할 도리를 가르치고 상식적인 삶이 되도록, 자녀를 건강하게 양육해야 할 이유가 여기에 있다.

부모는 기본적으로 자녀의 신체적인 건강뿐만 아니라 정서적 필요와 사회적 요구 등 다양하게 양육하기 때문에 막중한 책임이 있다.

하지만 우리 사회는 부모 역할에 대해서 적절한 준비를 하거나 양육훈련을 전문적으로 받을 수 있는 곳이 없어 건강한 부모가 되기 위한 준비와 훈련을 통한 간접경험과 체험을 할 수 있는 곳이 별로 없다.

최첨단의 상징인 비행기는 운전하고 싶다고 바로 되지 않는다. 맹훈련의 전문 과정을 마친 후에도 실전과 같은 비행 훈련을 통과해야만 비로소 비행할 자격이 부여된다.

자녀 양육을 비행에 단순 비교하는 것 자체가 적절하지 않을 수도

가족,
넌 괜찮니?

있다. 그러나 의미하는 바는 크다. 복잡하고 정교한 비행기라 하더라도 엄밀히 따지고 보면 부품 덩어리에 불과한데도 비행할 수 있는 자격을 갖추는 일은 쉽지 않은데, 하물며 우주처럼 복잡하고 정교한 마음을 가지고 태어난 자녀를 양육하는 중요한 일에 그 흔한 학원 하나 찾기 어렵다.

원하는 대학이나 시험에 합격하기 위해서 사교육도 모자라 재수까지 감행하고, 취업을 위해서는 어디가 시작이고 끝인지 모를 시간과 에너지를 모두 투자하는 현실과 너무 대조적이다.

우리 사회는 건강한 가족을 이루는 방법이나 효과적인 자녀 양육에 대해서는 소홀히 여긴다. 양육은 가정과 후대의 명운을 가름하는 것인데도, 자연스럽게 거쳐 가는 과정 정도로 생각하고 안일하고 대수롭지 않은 태도로 일관한다.

그래서일까? 사전에 진지한 고민이나 준비가 전혀 없었기 때문에, 하는 수 없이 양육의 과정에서 수많은 시행착오를 겪는다. 문제는 이 혼란스러운 과정을 거치면서 받는 스트레스와 상처는 부모에게서 그치지 않고 고스란히 연약한 자녀의 몫이 되는 아픈 현실을 마주하게 된다.

춘추전국시대 제나라의 관중은 이런 말을 남겼다.

"1년의 번영을 위해 곡식을 심는 일만 한 것이 없고, 10년의 번영을 위한 계획으로 나무를 심는 것보다 좋은 것이 없으며, 100년을 위한 투자로 인재를 양성하는 것보다 더 훌륭한 것이 없다."

사람들은 대부분 인성을 겸비한 인재를 가정이 아닌 학교 교육에서 찾기 때문에 혼란이 가중된다. 학교 교육은 사회생활의 기초를 배우는 곳이지, 인성을 갖춰 사람답게 살도록 가르치는 곳은 아니다. 이런 점에서 사회공동체의 초석을 다지기 위한 인재양성의 첫 교육기관은 '가족공동체'이다.

인생 최고의 교육기관은 가정이고, 최고의 스승은 부모라는 점에서 시사하는 바가 크다.

그러나 현대사회는 가정을 너무 소홀히 하면서 심각한 위기에 직면했다. 가정이 순기능을 잃어 가고 있기 때문이다.

우리는 과거의 역사에서 인간다움의 가치보다는 성공을 지향했고, 건전한 가족문화보다는 경제적 풍요에 초점을 맞추고 에너지를 썼다. 그리고 그 후폭풍이 가정의 위기로 나타났다.

지금이라도 늦지 않았다. 사회적 기반시설과 시스템을 최첨단으로 만든다고 해서 사회가 건강해지지 않는다. 가족공동체가 건강하면 사회공동체는 제자리를 잡게 되어 있다.

가족 학교는 가족체계에서 오는 어려움으로 힘들어하는 사람들에게 힐링의 길을 열어 주고, 건강한 삶을 살아가는데 마중물이 되기 위해 힘쓰고 있다.

가족 학교는
'가족이 살아야 모두가 산다!'라는 건강한 가족 세우기 운동입니다.

http://edu.familyday.kr

(T. 02-811-0096)

가족,
넌 괜찮니?